가끔 멈춰 온전히 나를 사랑하는 시간

때로는 나도 숨어버리고 싶다

가끔 멈춰 온전히 나를 사랑하는 시간

때로는 나도 숨어버리고 싶다

청비쉬엔 지음 | 김가경 옮김

이든서재

사랑하는 나에게

안녕? 잘 지내고 있니?

오늘 난 내 자신인 너에게 들려주고 싶은 얘기가 있어서 이렇게 펜을 들었어.

사실 난 아주 오랫동안 너를 참 많이 싫어했었어. 너는 말이지, 늘 소심한 태도로 일관하며 자신만의 세계에 숨어버리기 일쑤고, 사람들한테서 되도록 멀리 떨어져야 안정감을 느끼는, 너무나 연약해서 부서지기 쉬운 사람이었거든.

네가 과거에 겪은 아팠던 경험들은 성격상의 결함이 되어 결국 약점으로 남고 말았어. 콤플렉스 덩어리인 너는 일이 잘 풀리지 않으면 무엇보다 두려움이 앞서서 모든 것을 재빨리 포기해버리곤 했어. 그리고는 "내가 진짜 원하는 게 아니라서 최선을 다하지 않았어. 그래서 그런 결과가 나왔어도 전혀 개의치 않아."라는 태도를 보였지. 또 너무 예민해서 다른 사람들과 함께하는 자리에서 모르는 화제가 언급되거나, 타인과 자신을 비교해서 스스로 부족하다고 느끼면 그 누구보다도 먼저 나서서 자신을 무시하기 시작해. 다른 사람에게 인정받지 못하거나 부정당하는 상황에 처하면 극도의 스트레스를 느끼며 자신을 꼭꼭 걸어 잠그고, "다른 사람의 인정 따위는 필요 없어"라며 냉담하고 괴팍한 모습을 보이기도 하지. 너는 너만의 주관적 판단과 너만의 방식을 통해 네 모습을 만들어온 거야.

이 세상은 진짜인 참을 감추고 거짓을 호도하는 허상이 가득한데, 그 허상들이 네가 거짓을 믿게 만듦으로써 상처를 준다는 것을 알고 있니? 허상들은 모든 희망을 번번이 물거품처럼 사라지게 해서 너의 마음을 병들게 해. 그런 너에게 이 세상은 너무 위험하고 무서운 곳이기에 자칫 잘못하면 다시는 헤어 나올 수 없는 고통의 심연 속으로 빠져들 수도 있어.

마치 막막한 망망대해에서 인생의 의미를 찾아 항해하던 중 큰 풍랑을 만난 것처럼 너는 줄곧 초조함과 고통에 시달려왔어. 어떻게 보면 슬프기도 하고 불쌍하기도 한데, 한편으로는 참 가소롭기 그지없어.

그렇게 형편없이 살아온 너였기에 나는 정말 오랫동안 너를 미워했어. 네가 약해지면 약해질수록 널 해치고 싶었고, 네가 도망치면 도망칠수록 이가 갈릴 정도로 경멸스러웠고, 또 네가 독선적인 모습을 보이면 보일수록 네 코를 납작하게 만들어주고 싶을 정도로 증오했어.

하지만 너에게도 꽤 괜찮다고 인정해 주고 싶은 한 가지가 있어. 그것은 바로 혼자만의 세상에 숨어 지내느라 거의 고립된 것처럼 살아왔기 때문에 그 어떤 것에도 마음을 크게 쓰지 않는다는 거야.

고립이라는 하나의 길만을 걸어오면서 어찌 보면 너는 세상에 대해 아무런 욕심도, 열망도 없는 경지에 오른 것처럼 보이기도 했어. 자신이 얼마나 엉망진창인지 두려워하지도 않고, 시간을 허비하는 것을 두려워하지도 않으며, 고칠 수 없는 고질적인 자신의 나쁜 버릇에도 신경 쓰지 않아. 만약 이런 태도로 계속 살아간다면 죽은 자들의 세상에서 살아가는 것과 같아서 이미 입은 마음의 상처는 아물지 않더라도 더 이상 어떤 상처도 받지 않을 수 있겠지. 결국 나는 하는 수 없이 너를 신경 쓰지 않기로 하고 다른 곳으로 눈을 돌리기로 했어. 그런데 뜻밖에도 넌 내가 깜짝 놀랄 정도로 변하기 시작했어.

결점이라는 것은 관점에 따라 달리 보이는 것이라 그 결점이 장점으로 작용하기도 해. 예를 들면 예민하다는 것은 세심함으로 다가와서 때로는 다른 사람을 정확하게 이해하도록 도와주는 장점이 될 수도 있어.

진실하길 원하는 너는 공감 능력이 뛰어날 뿐만 아니라 언제나 다른 사람을 도와주려고 하는 착한 마음씨를 가지고 있다는 것을 난 잘 알아. 네가 가장 힘들 때조차도 타인에게 피해가 가는 선택은 하지 않으려 노력한다는 것 또한 알고 있어. 넌 겉보기에는 복잡하고 어려운 사람처럼 보이지만 사실 속마음은 매우 단순한 사람이야.

너는 항상 사람들이 많이 붐비고 화려한 곳을 피하려는 경향이 있어 별빛을 벗 삼아 어둡고 광활한 길을 혼자서 뚜벅뚜벅 걸어왔지. 묵묵히 길을 걷다 보니 너는 어둠 속에 너와 비슷한 성향의 사람들이 많이 숨어 있다는 것을 알게 되었지. 근데 너와 비슷한 성향의 그 사람들은 모두 서로 멀찌감치 떨어져 거리를 유지한 채 그 누구도 감히 다가가질 못했어. 넌 그 순간 큰소리로 외쳤어.

"여러분! 두려워하지 마세요! 저는 이곳을 잘 아니까 함께 나아가시겠어요?"

어둠 속의 사람들은 하나같이 모두 온몸과 마음이 상처로 가득하기에 서로를 이해할 수 있고, 또 상대방에게서 자신의 모습을 찾아볼 수 있어. 그래서 넌 다른 사람을 '치료'하는 과정을 통해 간접적으로 너 자신을 충분히 이해할 기회를 얻게 되었어. 넌 참 운이 좋은 거야. 한 치 앞도 볼 수 없는 깜깜한 어둠 속에서도 따뜻함과 사랑을 받았으니까. 그 따뜻한 사랑의 기운에서 얻은 힘으로 넌 서서히 자신을 믿기 시작했고, 마음속 깊은 곳에 자리 잡은 콤플렉스 구멍을 메우려고 시도했어.

비록 생활 방식은 제자리걸음을 거듭했지만 나아지려는 생각과 의지는 멈추지 않았고, 마침내 너는 조금씩 앞을 향해 나아가기 시작했지. 끊임없이 공부하고, 끊임없이 새로운 문제를 탐구했어. 많은 이들의 지지와 도움으로 네 마음속의 그 빛은 점점 더 밝아지기 시작했고 주변 사람들까지 환하게 비춰주었어. 과거의 너처럼 삶에 정면으로 맞서지 않으려 하는 많은 이들에게 도움을 주었지.

난 이제 더 이상 지금의 너를 싫어하지 않아.

한 사람이 굳건히 자신 있게 삶을 살아가려면 적어도 두 가지 일을 해야 해. 한 가지는 누군가에게 의지하거나 어떤 일에 병적으로 집착하지 않도록 안정감을 찾는 것이고, 다른 하나는 사회 활동에 적극적으로 참여할 수 있도록 자기혐오에 빠지지 않는 것이지.

현재의 나는 네가 더 이상 나약하지 않다는 것을 받아들이고 너의 가치를 인정할 수밖에 없어. 너는 자존감과 자기애를 배웠고, 세상을 객관적이고 이성적으로 바라보는 법을 배웠으니까. 이제 더 이상 편협한 생각에 휘둘리지 않고, 능동적으로 현실 세계를 인식하고 이해하며 이 세상의 구조적인 아름다움을 감상할 수 있게 되었어. 너는 어린아이와 같은 호기심과 가슴 가득 품은 열정으로 세상을 바라보기 시작했고, 카메라를 들쳐 메고 여행길에 올라 세계 곳곳을 탐험하고 싶어 하지.

나는 네가 마침내 자신감을 가지고 사람들과 교류할 수 있게 된 것을 보았어. 너는 더 이상 쉽게 상처받진 않을 거야. 불편함을 느끼면 바로 표현할 수 있고, 누군가가 너에게 의구심을 품으면 단도직입적으로 상대방에게 물어볼 수 있고, 또 실제 상황을 정확히 인식하여 판단할 수 있어. 네 의식 세계의 상상이 객관적인 현실이라고 여기지도 않겠지.

나는 지금의 너를 잘 알고 너를 이해해. 비록 너를 그렇게나 싫어했었지만, 지금의 나는 네가 조금 좋아지기 시작했거든. 난 네가 얼마나 수동적인 사람인지 분명히 알고 있어. 그래서 어느 날 갑자기 네가 이렇게 용감하게 두려움을 떨치고 일어설 줄은 몰랐어. 넌 이 세상에 존재하는 아름다움과 너 자신을 견줄 수 있을 정도로 자신 있게 머리를 들고 가슴을 쫙 편 채 밝은 햇빛 아래에 당당히 서서 사람들에게 다가갈 수 있어.

너는 더 이상 다른 사람의 시선에 구애받거나 이해받기 위해 자신을 소모하지 않을 것이고, 화려하고 아름다운 것을 대할 때 자신을 초라하고 비루하다 느끼지 않을 거야. 이제부터 너는 불완전한 자신일지라도 마음이 원하는 바를 찾을 수 있을 거야. 그래서 아무리 큰 시련과 어려운 도전에 직면하더라도 여유롭고 적극적인 자세로 마주할 수 있을 테지.

　지난날의 쓰라린 경험들은 네가 그 모든 것을 받아들이고 용서하는 순간 네 안에 녹아들며 마침내 밤하늘에 빛나는 찬란한 은하수가 되었어.

　끝까지 포기하지 않았던 게 얼마나 다행인지 몰라. 일찍이 이 모든 일을 겪어낸 게 얼마나 다행인지 몰라. 내가 너인 게 얼마나 기쁜지 몰라.

　예전의 너는 너 자신에게 이렇게 큰 변화가 있으리라고는 생각지 못했을 거야.

　앞으로를 기대할게.

　네가 세계를 탐험하는 중에 갖은 고난과 시련에 쓰러지더라도 너조차 상상하지 못했던 강력한 정신력으로 이겨내는 모습을, 마치 지난 젊은 날의 소년처럼 주저 없이 넘어지고 또 일어서는 모습을 말이야,

　난 너의 변화를 기대할 거야.

저자 청비쉬엔

$$\widehat{}$$ 차례

Part 1

때로는 나도
숨어버리고 싶다

그때의 나는 늘 표정 없는 얼굴로 있거나 자조 섞인 차가운 미소를 띠고 있었다. 사람들이 허례허식과 같은 인사를 나누는 것을 듣거나 자신의 이익을 위해 다투는 것을 보고 있노라면 터져 나오는 실소를 참을 수가 없었다.

나는 아무도 깨어 있지 않은 깊은 밤을 좋아한다. 깊은 밤 길거리에는 사람을 찾아보기 힘들어 나 혼자 온 세상을 다 가진 것 같기 때문이다.

나는 길가에 걸터앉아 노래를 부르거나 호숫가에서 물고기에게 먹이를 주거나 혹은 캄캄한 산기슭에 올라 별빛을 올려다보며 멍하니 있곤 했다.

그때야 비로소 나는 혼자만의 세계에서 행복감에 젖는다.

사실 넌 그토록
너 자신을 싫어하는 건 아니야

1

만약에 '이 세상에서 누가 자신을 가장 싫어하는가?'를 겨루는 대회가 있다면 '내가 1등'이라고 말하는 사람들이 적지 않을 것이라 확신한다.

나 역시 이 세상에서 내가 제일 엉망인 사람이라고 여길 때가 있었다. 들이쉬고 내쉬는 숨결마다 내 존재 자체를 부정하고 괴로워하는 극도의 '자기혐오'에 빠져 있었기 때문이다.

그때의 나는 내 인생이 실수로 얼룩진 그림처럼 느껴졌다. 더 이상 나아질 수 없을 바에야 차라리 물감을 있는 대로 그림에 다 뿌려버리고 구겨서 쓰레기통에 던져 버리고 싶은 심정이었다. 그래서 나는 자신을 수치스럽게 여기는 그 마음을 누구보다 잘 이해할 수 있다.

　이런 사람은 거울에 비친 자신을 감히 마주하지 못할 뿐만 아니라 다른 사람에게 자신을 내보이는 것은 더욱 두려워한다. 심지어 타인의 반가운 인사조차도 그들에게는 괴로움으로 다가온다. 많은 사람과 함께할 상황에 맞닥뜨리면 마치 영원히 헤어 나올 수 없는 지옥에 빠진 것처럼 허둥지둥 도망치려 한다.

　사실 이 심정을 이해하지 못할 것도 없다. 한 사람이 가장 먼저 마주하는 사람은 바로 자기 자신이므로 '자기혐오'는 누구에게나 생길 수 있는 감정이기 때문이다.

　왜 이런 감정이 생기는 것인지 그 근원부터 찾아 생각해 보자.

왜 이렇게 자신을 싫어하는 것일까?

　한 사람이 자신을 싫어하는 데에는 여러 가지 이유가 있다. 질병으로 생긴 '병약함', 부모에게 충분한 사랑을 받지 못하며 자란 '불우한 유년 시절', 돌아보고 싶지 않을 만큼 두렵고 끔찍한 '과거의 실수들', 상대적 박탈감을 느끼게 하는 '타인과의 비교', 살아오는 동안 받아온 '부정'과 '억압', 줄곧 경험해 보지 못한 '칭찬'과 '인정', 자신의 부족에서 비롯된 '열등감', 다른 사람에게 폐를 끼친다는 '죄책감' 등등 너무 많은 원인이 우리 자신을 미워하고 싫어하게 만드는데, 이 마음이 깊어지면 자신에게 씻을 수 없는 상처를 준다.

2

자기혐오에 빠진 사람들이 자주 하는 표현이 있다.

이들은 대개 '난 중요하지 않아'라는 태도로 일관하며 양보가 미덕이라는 듯이 항상 다른 사람을 앞세운다. 그들이 입버릇처럼 하는 말은 "난 상관없어", "난 아무거나 다 좋아"이다. 누군가를 좋아하게 될 때도 그들은 언제나 가슴 깊이 숨겨두는 혼자만의 사랑을 선택한다. 상대방에게서 뿜어져 나오는 밝은 빛이 자신의 추함을 비추어 드러나게 될까 봐 두렵기 때문이다. 타인과의 마찰을 두려워하고, 갈등이 생길 때는 항상 도피를 선택하여 스스로 모든 것을 망쳐버리고는 자신에게 "난 자격이 없어"라고 말한다.

사실 그들이 이렇게 표현하게 된 진짜 이유는 두려움이다. 자신을 싫어하기 때문에, 정말 아무것도 얻을 자격이 없다고 생각해서 양보하는 것이 아니라 다른 사람과 경쟁하는 상황을 두려워하기 때문이다. 또 자신이 부족해서 그토록 아름다운 사람과는 함께할 자격이 없다고 느껴서 짝사랑을 선택하는 것이 아니라 거절당하고 부정당하게 될까 봐 두려워서다.

사람은 두려워하는 일이 많을수록 자기혐오감을 느끼기 쉬워져서 고통과 번민이 끊이지 않는다.

그러므로 먼저 당신은 자신을 정말 그토록 싫어하는 것은 아니라는 사실을 깨달아야 한다. 단지 상처받을까 두려워서 스스로 보호하기를 갈망할 뿐이다. 자신을 보호하기 위해 환경에 맞추어 색을 바꾸는 카멜레온처럼 당신도 자기 보호를 위해 스스로 비하하며 낮추고, 다른 사람을 높여주는 '좋은 사람'이 되는 것을 선택한 것이다.

상처받는 것이 두려워 지나치게 자신을 보호하다가 결국 자신의 행동을 '합리화'하는 과정을 거치고는 스스로 딱지를 붙이며 '나는 이러이러한 유형의 사람'이라고 규정짓는다.

3

여기까지 읽고 어쩌면 당신은 "나는 나약한 사람이구나!"라고 느끼며 새삼 놀랐을지도 모른다.

그런데 이게 '나약'한 것일까? 우리는 사람이기 때문에 모두 칼에 베이면 피를 흘리고 상처를 입으면 아픔을 느낀다. 그렇지만 한 사람을 '열등감'과 '자기혐오'에 빠지게 할 정도의 상처가 '나약함'으로 보일 수 있다는 것은 이상한 일이 아니다.

커다란 상처를 입었던 사람은 아무런 보호막이 없는 상태가 되어 현실에서 마주하는 작은 상처 하나에도 마음속 깊은 곳까지 무너져 내릴 수 있다.

참담한 처지에 놓인 낯선 누군가를 마주하게 된다면 당신은 그에게 동정과 위로의 마음을 전할 수도 있다. 하지만 이 상황에 처한 사람이 자신이라면, 당신은 자신을 싫어하게 된다.

누군가가 자신을 있는 힘껏 공격한다면, 이는 그 자신을 별로 달가워하지 않는다는 증명이다. 자신을 달가워하지 않는 마음은 스스로 거는 기대치가 높기 때문이며 이는 결국 일종의 집념이 되어 간접적으로 '자기혐오감'을 증폭시킨다.

그런 부정적 경험들이 쌓여 자신을 미워하게 만들고, 나약하고 열등한 존재로 전락시킨다면 우리는 그 경험들을 어떻게 마주해야 할까?

만약 당신이 과거의 부정적 경험들을 방치한다면 그 경험들은 어른이 되어서까지도 당신을 계속 따라다니며 고통 속에 머무르게 할 것이다.

"그런 경험들 때문에 제가 이렇게 된 거예요."
"그런 일을 겪었으니 저에겐 앞으로 다가올 미래가 더 나아질 거란 희망이 없어요."

이런 생각을 마음속에 품고 살아가는 사람들이 적지 않은데, 그들은 일이 순조롭게 잘 풀리지 않는 순간을 조우할 때마다 모든 이유를 과거의 아픈 상처 탓으로 돌리려는 경향이 있다.

　그러나 지나간 과거는 돌이킬 수 없다. 모든 불행이 바꿀 수 없는 과거에서 시작된 것이라 여기는 태도는 마음에 생채기가 생긴 그 시점부터 더 이상 성장하지 못하여, 모든 삶이 여전히 '상처받은 아이' 영향 아래에 놓여 있다는 것을 의미한다.

　"내가 잘못한 것도 아니고 난 피해자일 뿐이야. 그런데 왜 내가 이 모든 것을 짊어져야 하는 거지?"

　마음이 자라지 않는 사람들은 이런 의문을 종종 던진다.

　다른 사람의 잘못을 대신 책임져주는 것은 말도 안 되는 상황임에 틀림이 없다. 그러나 엎질러진 물처럼 일은 이미 돌이킬 수 없고, 그와 관련된 모든 기억은 뼛속 깊이 아로새겨져 그림자처럼 계속 따라다닌다. 그러므로 그 아픈 과거가 설령 자기 잘못에서 기인한 것이 아니라 할지라도 우리는 이 모든 것을 책임져야만 한다.

　어쩌면 너무 잔인하게 들릴 테지만 자신에게 아픈 기억을 만든 사람을 용서하지 않아도 되고, 받아들이지 않아도 되며, 심지어 원망해도 된다. 하지만 자신에 대한 책임은 직접 감당해야만 한다.

만약 당신이 일평생 자기 연민에 빠져 끝도 없는 고통의 심연 속으로 가라앉도록 자신을 내버려둔다면 이는 자신의 과오가 아니었음을 증명할 수 없을 뿐만 아니라 오히려 과오를 범한 사람의 명분을 지지하는 '불행의 아이콘'으로 전락하게 된다.

그래서 당신은 반드시 자신에 대한 책임을 지고 살아야 한다. 자신의 내면에 자리 잡은 '자라지 않는 아이'를 스스로 키워내야만 한다. 자신에게 상처를 준 사람들에 대한 '최고의 복수'는 끔찍하리만치 싫어하는 지난 과거의 기억을 완전히 도려내는 것이다.

4

우리는 앞으로 우리가 어떻게 성장하느냐에 주안점을 두어야 한다.

예를 들어 어느 날 당신이 연인과 싸웠다고 가정해 보자. 이 일로 인해 여린 당신은 마음에 상처를 입어 무의식적으로 그 사람과의 관계를 회피하게 된다. 이때 당신은 이렇게 생각할 수 있다.

'난 정말 몹쓸 사람인가 봐. 다른 사람에게 걱정과 민폐만 끼치니 정말 나쁜 사람인 것 같아. 난 아마도 영원히 혼자 지내는 게 맞는 것일지도 몰라. 앞으로 다시는 누군가를 좋아하는 마음을 갖지 말자.'

위에서 언급한 예를 보면 당신은 당신 자신이 싫어서 상대방을 떠난다. 이 방법이 더 이상 상대방에게 상처를 주지 않고, 다른 사람에게 폐를 끼치지 않는 최선의 선택이기 때문에 상대방을 위하는 것이라 여긴다. 그래서 당신은 문제에서 도망치거나 회피하기도 하며, 심지어 의도적으로 관계를 망쳐버리기도 한다. 그러나 이러한 선택으로 야기된 나쁜 결과는 자신을 더욱 미워하게 만든다. 더 예민해지고, 상처받는 것이 두려워 자신을 가두게 할 뿐만 아니라 마음을 영원히 한 자리에만 머무르게 한다.

그 이후로 당신이 상처에서 벗어날 기회가 올 때마다 당신이 좋아하는 모든 사람은 이런 방식의 이별을 맞게 된다. 심지어 중년의 나이를 훌쩍 넘기고도 사람과의 관계에서 다칠까 '두려워하는 아이'는 여전히 당신을 통제하게 된다. 이 얼마나 무서운 일인가?

사람이 성장하려면 반드시 용기를 내어 용감하게 공포와 정면으로 마주하고 생각하는 바를 능동적으로 표현해야 한다. 단기간에 감정을 잘 처리하는 방법을 익히기는 어려울 테지만 다른 사람과의 더 많은 경험을 통해 한 걸음씩 앞으로 나아갈 수 있다. 이렇게 경험을 쌓다 보면 다음 사랑이 찾아오기 전에 당신은 좀 더 성숙해진 태도로 감정을 잘 관리할 수 있을 것이다.

현실 세계에서 느끼는 진정한 감정만이 우리 마음의 허전한 빈자리를 채워줄 수 있다. 과잉보상을 바라는 심리와 허구에 가까운 완전무결을 추구하는 마음은 당신이 정한 목표에 가까워지는 듯해도 가슴 한구석은 더욱 막막하고 공허한 느낌만 남을 뿐이다.

자신을 사랑하지 않는 사람은 아무리 높은 목표를 성취해도 자기 만족감을 느끼기 어렵다. 마음이 자라기 시작하면 '자기혐오감'이 서서히 줄어들어 마음속의 상처받은 그 아이와 진정으로 작별할 수 있을 것이다.

5

대부분의 사람은 일생을 사는 동안 확고한 자신의 의지에 따라 판단하고 행하며 살기보다는 시대 조류에 휩쓸려 물결치는 대로 표류하며 수동적인 태도로 산다. 좋은 일이 생기면 기뻐하고, 나쁜 일이 생기면 괴로워하듯이 어떤 느낌을 받으면 어떤 행동을 취하게 되고, 이 행동은 습관을 만든다. 결코 쉽지 않은 이 일생 동안 자신의 마음속에 '응어리진 감정'이 생기게 된다. 이

'마음속 응어리'가 많아질수록 우리 감정은 소모되기 쉽고 많은 일을 감정적으로 대하게 되면서, 결국 정서적 혼란으로 인한 자아 상실로 '자기혐오감'이 생성되기 시작한다.

우리는 성장해야 한다. 더 높은 곳에 올라서서 맑은 정신으로 자신의 인생을 여러 각도에서 냉정하게 들여다보아야 한다.

우리가 다른 낯선 이를 분석할 때처럼 똑같이 자신을 냉정하게 분석하다 보면 언제 어떻게 왜 자신을 싫어하게 되었는지 그 원인을 찾아낼 수 있다. 왜 자신을 싫어하게 되었는지에 대한 합리적 이유를 이해하고 받아들이게 되면 사실과는 다른, 그 일과 관련되었던 자신의 주관적 감정을 배제할 수 있게 된다.

나는 한때 자기혐오감에 빠졌던 한 사람으로서 자신을 싫어하는 사람들도 언젠가는 자신을 진심으로 좋아하게 될 수 있다고 굳게 믿는다.

세상의 문을 여는 열쇠는
나에게 있다

1

대학 재학 시절 기숙사 옆 호실에 사는 동창이 한 명 있었다. 항상 작은 목소리로 속삭이듯 말하는 음성을 갖고 있었던 그는 안경까지 끼고 있어 더욱 점잖은 인상을 주던 친구였다.

우리가 처음 서로를 알게 되던 당시에는 온라인 게임이 한창 유행하던 시기였는데, 그는 게임에 별다른 흥미를 느끼지 못하는 듯 보였다. 그는 여태껏 게임을 해 본 적이 없어서 재미가 없다며 다른 친구들이 게임을 하고 있으면 "이런 게 재미있니?"라고 묻곤 했었던 기억이 남아 있다.

그런데 얼마 지나지 않아 옆 호실 방에서 게임을 하는 사람들 소리 중에 익숙한 한 사람의 목소리가 들리는 것 같았다. 게임

파트너의 기량이 부족하다며 불평을 해대던 사람은 다름 아닌 게임에 흥미가 없다고 내내 말하던 그 친구였다. 분명 그의 목소리였지만 그 사람일 것이라고 믿을 수 없어 진상 파악을 위해 곧장 옆 호실로 달려갔다. 중독자처럼 게임에 빠져 있는 사람은 분명 그 친구였다.

사실 우리가 삶을 대하는 자세도 때로는 그 친구가 게임을 대했던 태도와 별반 다르지 않다. 무엇인가를 제대로 알고 몰입하기 전에는 재미가 없어 흥미를 느끼지 못한다. 그러다 무언가에 빠져들게 되면 극강의 쾌락을 느끼게 된다.

만약 당신이 삶에 깊이 몰입하지 못한다면 그 이유는 사회적 환경과 살아온 경험, 개인의 타고난 성격 등에 의해 만들어진, 보이지 않는 장벽이 당신과 당신의 삶 사이를 가로막고 있기 때문이다.

당신의 마음속에 이 장벽이 있다면 당신은 주위 사람들이 어떤 일로 박장대소하며 한바탕 웃고 있는 상황에서 겉으로는 맞장구를 치고 있지만 속으로는 '왜 웃는 거지?'라는 생각이 들 수 있다. 또 다른 사람들이 새로운 것을 시도해 보라고 권하면 그 자리에서 거절의 의사를 표하진 않겠지만 마음속으로 '뭐 하러 해 보라는 거야?'라는 의문을 품게 된다.

대인 기피와 공포감에 사로잡혀 살던 과거의 나는 혼자 있을 때가 가장 편하다고 느끼면서도 혼자 있는 시간이 길어지면 알 수 없는 외로움이 찾아왔었다. 이런 외로움은 보이진 않지만 커다란 장벽이 되어 나와 현실 세계 사이에 우뚝 서 있어서 내가 삶에 몰입하려고 할 때마다 그 벽에 부딪혔다. 그럴 때마다 나는 이 세상과 어울리지 않다고 느끼며 바로 그 장벽 뒤에 주저앉아 버렸다.

2

되도록 사람들한테서 멀리 떨어져 지내고 싶지만, 사회생활을 해야 하니 무리 안에 속할 수밖에 없고, 그 안에서 즐거움을 찾고자 하나 도무지 찾을 길이 없다. 흔들림을 지탱해 줄 버팀목을 찾아 기대려 하면 어느새 발아래에는 칠흑 같은 어둠이 한 자락 드리워져 있다. 이런 생활에 젖어 혼자서 지내는 시간이 길어지다 보면 문득 자신에게 인생과 삶에 대한 두 가지 질문을 던지게 된다.

'무엇을 위해 사는가?'
'인생의 의미는 무엇인가?'

누군가는 이런 철학적 고뇌를 가소롭다고 여길 수도 있지만 공허한 상실감에 빠진 이들에게는 현재 직면해 있는 가장 절박한 문제이다.

세상과 단절된 사람에게 있어 이 세상은 몰입할 수 없는 한 편의 영화를 보는 것과 같아서 인간이 느끼는 기쁨, 슬픔, 분노, 즐거움 그 어떤 것도 함께 나눌 수가 없다.

바꾸어 말하면 그 자신의 세계 역시 단 한 명의 관객도, 참여자도 존재하지 않는다. 마치 고독의 저주에 걸린 것과 같아서 처절하게 외롭고, 주위의 존재하는 모든 것들을 볼 수도, 들을 수도, 느낄 수도 없는 지경에 이르게 된다.

나는 혼자만의 외롭고 쓸쓸한 삶을 선택하고, 평생 고독한 삶을 영위하기 위한 준비까지 한 적이 있었다. 하지만 지금은 분명히 알고 있다. 인간은 사회적 동물이고, 이 세상은 나의 참여를 필요로 하며, 나의 세상 역시 지켜봐 줄 누군가가 필요하다는 것을 말이다. 사람은 자신의 신념대로 자기가 가야 할 길을 자신의 힘으로 걸어 나가야 하지만 세상과 소통하는 문을 닫아두어서는 안 된다.

3

어린 시절 추억 속에 나는 항상 친구들과 함께 자전거를 타고, 스케이트를 타고, 또 폐업한 공장에서 전쟁놀이를 하고 있다. 당시의 더할 나위 없던 즐거운 기분이 지금도 여전히 생생하게 느껴질 정도로 행복한 기억인데, 어른이 되고 나서는 이 정도로 즐거웠던 경험을 해 본 적이 없다. 나는 새로운 것을 배우기를 좋아하지만 시도하다 보면 순간적으로 대상에 대한 흥미를 잃어버리고는 한다.

어렸을 때 자전거 타기를 배운 적이 있었다. 셀 수 없이 넘어지고 나서 마침내 균형 잡는 것을 배웠을 때는 마치 하늘을 날아오르는 기분이 들었다. 긴 비탈길을 끝도 없이 오르내리며 지칠 줄도 모르고 자전거를 타고 쌩쌩 내달렸다. 귓가를 스치는 바람과 함께 묻어오는 흙과 향긋한 풀 내음, 나를 감싸주던 따뜻한 햇살, 친구들의 웃음소리들…. 지금 돌이켜 생각해 보아도 하나하나 모든 것이 또렷이 떠오를 만큼 소중한 기억들이다.

훗날 대학 재학 시절에 나는 수영 수업을 수강한 적이 있었다. 특히 배영을 열심히 배웠는데 마침내 성공적으로 수영했을 때 근래에 느끼지 못했던 즐거움과 성취감을 맛보았다. 투명한 천장을 뚫고 들어오는 햇빛을 보면서 마치 하늘 위에 떠 있는 것 같은 기분이 들었다. 그러나 그 기분도 잠시, 무엇인가 증발해 버린 것처럼 내 안을 가득 채우고 있던 즐거운 기분이 순식간에 사라져 버렸다. 즐거움이 사라짐과 동시에 피곤하고 지루하고 주변이 시끄럽게 느껴지며 문득 '내가 왜 여기서 수영을 해야 하지? 아무도 내가 수영을 할 수 있는지 없는지에 관심이 없는데….'라는 생각이 들었다. 이후 나는 모든 것에 흥미를 잃어버리고 다시 혼자만의 세상에 있으려 하는 은둔형 외톨이가 되어 버렸다.

성격이 괴팍하고 혼자 있기를 즐기는 사람이 항상 책을 읽고 깊은 사색에 잠겨 있는 것처럼 보이면 다른 사람들에게 '세상사에 달관한 사람'이라는 가짜 이미지를 심게 된다. 이런 사람들은 인간 세상의 희로애락을 모두 허망한 것으로 여겨 모든 것을 피상적이고 눈 깜짝할 사이에 스쳐 지나가는 것들로 간주하고 그들이 세상에 내비치는 무감각만이 가장 진실한 표현이라 여긴다.

그러나 사실은 이와 다르다. '세상에 달관한 사람'들은 자신의 거짓된 느낌에 속았을 뿐이다. 그들과 삶을 가로막고 있는 장벽을 무너뜨리고 나면 삶이 주는 아름다움을 다시 느끼게 되고, 공허한 상실감에 빠지지 않게 되며 '존재의 의미'를 다시 깨닫게 된다.

4

2017년, 몸과 마음의 상태가 가장 최악이라고 느꼈을 때 나는 우연히 '경청하기Mindful Listening 프로젝트'를 수행하게 되었다. 그때 나는 나 자신을 '쓰레기통'이라고 여겼는데 지금 돌이켜보면 이 '경청'의 태도는 나 자신에게 집중되어 있던 관심을 다른 사람에게로 돌리게 해주었으며, '나는 필요한 사람'이라는 느낌을 건네 타인과 긴밀한 관계를 형성하게 만들었다. 그때 나는 '경청자'의 신분으로 다른 사람들이 비워내는 '마이너스 에너지'를 받아내야 했지만, '독으로 독을 치료'하는 방식으로 나 자신의 문제를 해결할 수 있었다.

나는 많은 도시를 여행하며 다양한 사람들의 아름다운 추억과 슬프고 아픈 과거 이야기들을 마주하고 경청했다. 이 여정을 통해 좋은 사람들을 많이 알게 되었고, 또 서로의 처지를 이해해주는 친구들도 사귀게 되었다. 이로 인해 낯선 누군가와의 소통이 내가 상상했던 것만큼 무섭지 않다는 것을 깨닫게 되었고, 내 마음도 주변 사람들과 함께 웃으며, '지금 이 순간이 너무 좋다'고 생각하기 시작했다.

예전에 나는 과장하며 칭찬하는 사람들을 좀처럼 이해하기 힘들었다. 경치가 얼마나 아름다운지, 음식이 얼마나 맛있는지, 길 위의 고양이 한 마리가 얼마나 귀여운지를 호들갑 떨며 이야기하면, 그것이 위선적이고 가식적인 행동이라 여겼었다. 나중에 내가 그들을 이해하고 그들처럼 나의 시선이 아름다운 것들에 머물며 온전히 집중할 수 있게 되었을 때 나는 비로소 나와 나의 삶 한가운데 버티고 있던 장벽이 사라졌다고 느꼈다. 그제야 어린 시절 느꼈던 그 즐거움을 다시 찾을 수 있게 된 것이다.

우리의 삶은 헤아릴 수 없을 만큼 많은 '지금, 이 순간'의 느낌들로 이루어져 있다. 우리가 현재 알고 있는 사람들과 또 마주치는 일들이 지금 우리의 감정을 결정한다. 만약 당신이 사악하고 거짓으로 점철된 사람과 어울리고 있다면 당신은 매우 피곤하고, 도망치고 싶고, 세상마저 무섭게 느껴질 것이다. 반대로 진실하고 착한 사람과 어울린다면 편안함을 느끼고, 세상이 아름답게 느껴질 것이다.

우리가 살아온 시간 동안 경험해 본 많은 감정들이 우리의 의식과 관념을 형성하였다. 우리의 관념, 즉 우리의 생각이나 견해를 바꾸려면 먼저 외부 세계에 대한 우리의 감정을 조정하는 것에서부터 시작해야 한다. 그래서 우리는 먼저 우리 자신과 우리의 삶 사이를 가로막고 있는 장벽을 찾아내야 하고, 그다음 계획을 수립하여 차근차근 그것을 무너뜨려야 한다.

5

왜 계획을 수립해야 할까? 만약 지금의 내가 대인기피증에 시달리던 과거의 나에게 "넌 사교성을 기를 필요가 있어. 여기저기 많이 돌아다니며 견문을 넓히고, 다양한 인간관계를 경험하는 게 좋으니 이 사람 저 사람 많이 만나보도록 해."라고 조언한다면 어떨까? 아마도 과거의 나는 이 조언을 일언지하에 거절하고 절대로 실행에 옮기지 않을 것이다.

계획을 세우는 데 있어 중심이 되는 가장 중요한 정수는 바로 자신을 '타인'으로 여기는 것이다. 자기 자신을 본연의 자신이 아닌 다른 사람으로 바라보는 것. 이것이 핵심이다.

사람은 해내고 싶은 일이 있을 때 '나는 자신을 통제할 수 있다'는 심리적인 장치를 먼저 설정한다. 하지만 이런 심리적 장치는 막상 해야 할 일을 할 순간이 닥쳐왔을 때 '난 언제든 할 수 있어. 지금은 하지 않고 있을 뿐이야.'라며 미루고 싶은 마음을 자기 합리화할 수 있게 한다. 또 해야 할 시기를 놓쳐버리고 난 다음에는 스스로 꾸짖게 되어 끝도 없는 자기 합리화와 자책감의 소용돌이 속으로 빠져들고 만다.

당신이 다른 사람을 변화시키는 것처럼 자신을 변화시키고 싶다면 '점진적 실천'과 '끊임없는 긍정적인 피드백', 이 두 가지를 반드시 실행해 옮겨야 한다. 차근차근 점진적으로 실천하는 것은 계획을 행동으로 옮기는 첫걸음이고, 자신에게 끊임없이 긍정적인 피드백을 주는 것은 현실적이고 객관적인 감정을 인식시켜 자신 안에 자리 잡은 잘못된 관념에 조금씩 변화를 주기 위함이다.

아침 기상 시간과 관련된 일을 예로 들어보자. 급히 해결해야 할 일이 있지 않은 한 대다수의 사람은 알람 소리를 들어도 다시 잠을 자려고 한다. 대부분의 상황에서 우리의 이성보다는 지금 당장 느끼는 감정의 힘이 더 세고 강력하게 작용하기 때문이다. 이 문제를 해결하려면 먼저 침대 머리맡에 물을 한 잔 가져다 두자. 그리고 알람이 울릴 때마다 자신에게 이 물을 마시면 계속 잘 수 있다고 말해 준다. 그런데 물을 마시고 나면 우리 몸에 대한 느낌이 바뀌어 덜 졸린 상태가 되고 그러면 자연스럽게 자리에서 일어나게 된다.

계획을 실행에 옮기면서 당신은 조금씩 일어나는 변화를 느끼게 될 것이다. 또 세상을 바라보는 자신의 시선도 조금씩 변하게 될 것이고, 결국 자신과 삶을 괴리시켰던 장벽을 허물고 나면 진짜 세상을 다시 느낄 수 있다.

중요한 건 꺾여도
앞으로 나아가는 마음

1

가끔씩 나는 문득 사라져 버리고 싶은 강한 충동을 느끼곤 한다. 이런 감정이 비관적인 생각에서 비롯된 것은 아니다. 다만 존재하는 모든 것들과 경계선을 명확히 긋고, 그 어떤 시선도 미치지 않는 곳으로 숨어들고 싶은 고독에 대한 갈망일 뿐이다.

'세상 속으로 뛰어드는 것은 너무 위험한 일이야'

이 소리가 끊임없이 내 머릿속에서 메아리친다.

나는 자신의 병적인 이상심리 상태에 대해 이미 상당히 잘 파악하고 있다. 어떤 생각이 어떤 경험에서 비롯된 것인지, 또 어떤 상황에 직면하게 되면 어떤 행동을 하는지 명확하게 알고 있다. 때때로 나는 소설 속의 인물을 관찰하는 것처럼 나 자신을 관찰한다. 그러면서도 진실한 느낌을 마주하게 될 때면 한 번씩 뒤로 물러나는 선택을 한다.

　최근 몇 년 동안 나는 매우 중요한 진리를 하나 깨닫게 되었다. 그것은 바로 '자기 자신을 너무 난처하게 하지 말라'는 것이다. 많은 일이 있었고, 그 일들의 과정과 인과관계를 명확히 정리하고 난 후 나는 한동안 아무것도 하지 않는, 한없이 편하고 제멋대로 사는 편안한 일상을 선택하기로 했다. 아무 일도 하지 않고 운동과 영화 감상, 독서를 하거나 때로는 의자에 앉아 창밖의 하늘을 멍하니 바라보며 지냈다. 더 이상 미안함이나 초조함에 얽매이지 않아도 되는 삶, 나는 이것이 나의 행복이라고 믿는다.

　나는 정말 혼자 사는 게 평화롭고 편안하다. 이렇게 오랜 시간 동안 혼자가 된다고 해도 질리지도 않을뿐더러 더 이상 바라는 게 없다고 느낀다. 나는 미래가 나를 변화시키리란 것을 알고 있지만 변화가 오기 전에 나와 세상 사이에 조금의 거리가 유지된다면 그것으로 충분하다. 지금 이 순간, 나는 더할 나위 없이 홀가분하고 행복하다.

2

지난 시간 나는 다른 사람들이 안고 있는 문제점들을 해결하기 위해 그들을 도왔다. 그 시간 동안 많은 경험을 쌓았고 이를 통해 많은 깨달음을 얻을 수 있었다. 덕분에 나는 잠깐이었지만 모든 것을 다 이해할 수 있고 무엇이든지 해낼 수 있을 것 같은 기분이 들기도 했다. 더 나은 사람이 되고, 세상에 적극적으로 참여하는 멋진 삶을 살 수 있을 것 같았다.

하지만 선택의 순간이 다가오자 많은 것을 이해할 수 있게 되더라도 자신을 완전히 바꿀 수는 없다는 것을 비로소 깨닫게 되었다. 나는 자신의 약점과 내 안에 내재한 병적인 부분들을 정확히 이해하고, 또 어떻게 해야 그것들을 바꿀 수 있는지도 충분히 잘 알고 있다. 하지만 그 약점들도 나 자신의 일부라는 점을 간과했다.

단순히 '옳고 그름'과 '좋고 나쁨'의 기준에 맞춰 자아를 형성한다면 과연 만족스러운 모습의 자신을 마주할 수 있게 될까? 설령 스스로 만족할 수 없는 부분이라 할지라도 오랜 시간 동안 나 자신의 일부로 공존했던 나의 약점들이 나에게 주는 의미를 부정할 수는 없다. 그 약점들이 있었기에 지금의 내가 될 수 있었고, 더 많은 사람을 만나고 이해할 수 있었기에 이렇게 글을

써 내려갈 수 있었던 것이다.

그래서 나는 좋아하는 사람을 대하는 것처럼 나 자신에게 관대해지려 노력한다. 비관적인 생각이 엄습해 오는 것도, 또 도망쳐서 혼자만의 세상으로 숨어들고 싶은 마음도 나 자신에게 허용하며, 내가 타인과 다르다는 것 또한 인정한다.

내 SNS 계정은 비관론에 빠진 많은 사람들이 팔로우하고 있다. 그래서 나는 낙관적이고 자신감 있는 이미지를 유지하며 그들에게 도움이 되는 글만을 쓰기 위해 끊임없이 자신을 경계했었다. 내가 뒤로 물러서고 싶거나 도망가고 싶을 때 또 비관적인 생각에 사로잡힐 때면 글을 쓰는 행위에 상당히 거부감이 들었다. 내가 쓴 비관적인 글이 독자들에게 악영향을 끼칠까 두려웠기 때문이다. 그러나 지금은 '비관적이냐, 낙관적이냐'가 중요한 게 아니라는 사실을 잘 알고 있다. 가장 중요한 것은 바로 지금 이 순간, 스스로 솔직하고 진실하게 자신을 마주하는 것이다.

주관적인 생각과 객관적인 신체적 감각 사이에는 모순이 생겨 많은 문제가 일어난다. 우리는 당위성, 자책, 경쟁심, 사회적 관념 등 많은 기준과 통제 아래에 자신을 옭아매는 데 익숙해져 있다. 그것들은 결국 우리 마음 안에 하나의 장애물로 자리 잡아 문제를 더욱 복잡하게 만든다.

3

우리의 신체를 자신이 쓸 수 있는 도구라고 가정해 본다면 우리는 응당 자신의 신체를 올바르게 사용해야 한다. 그래서 나는 '어느 순간에도 반드시 긍정적이어야만 한다'고 나 자신에게 강요하지 않는다. 오히려 현재 느끼는 감정에 충실하고자 마음의 소리에 귀를 기울이며 그것을 표출하고자 노력한다. 설령 슬프고 절망스러운 심리에서 기인한 '비관적 감상'일지라도 나름의 의미가 있는 내 안의 솔직한 감정이라 믿기 때문이다.

끊임없이 앞을 향해 묵묵히 걸어가야 하는 '인생'이라는 기나긴 길 위에서 한 치의 흔들림도 없이 나아갈 수 있는 사람은 아무도 없다. 그저 시시각각 찾아오는 현재의 불안과 의혹을 인정하고 받아들이며, 끊임없이 전진하고 있을 뿐이다. 일의 원인과 결과를 분명히 하여 그 안에서 합리적 이유를 찾을 수 있다면 인생의 여정에서 만나는 많은 난관을 쉽게 헤쳐나갈 수 있다. 그래서 비관적이든 낙관적이든 자신의 마음을 있는 그대로 인정하고, 그 마음에서 비롯되어 현재 몸이 느끼는 감정을 마땅히 받아들여야 한다.

지금의 우리는 긴장을 풀고 자신에게 관대해지기 어려운 시대를 살아가고 있으므로 피할 수 있다면 이 세상의 소란스러운 혼란에서 시기적절하게 도망쳐야 한다. 이런 세상에서 이치를 거스르지 않고 마음 편히 누릴 수 있는 시간이 있다면 죄책감을 느낄 필요 없이 행운으로 생각해야 한다.

많은 사람이 오가는 거리에서 나는 표정이 제각기 다른 사람들을 보았다. 외롭고 고독한 모습으로 혼자 걷는 사람도 있고, 삼삼오오 무리를 이루어 다정하게 이야기를 나누며 쾌활하게 웃는 이들도 있었다. 나는 그들 모두 자신의 삶을 사랑하는 사람들이라는 것을 잘 알고 있다. 언젠가는 나도 반드시 그들 중 하나가 될 수 있으리라 생각한다.

이전에 나는 모든 것을 훌훌 털어버리고 세상에서 잠시 도망치고 싶었던 적이 있었다. 그러나 이제 나는 나 자신에게 이렇게 말해 줄 수 있다.

"천천히 해, 천천히. 괜찮아. 네 인생도 이 세상도 그렇게 급하게 해야 하는 것은 아무것도 없어. 옛날을 생각해 봐. 모든 게 느렸던 그 세상을 말이야. 교통도 느리고 사랑도 느렸던 세상. 온종일 걸려서 한 편의 시를 쓰고, 일 년 내내 시간을 들여 풍경이 아름다운 곳을 찾아다닐 수 있었던 느린 세상. 그러니 서두를 필요 없어.

인생은 길어. 쉴 수 있는 시간을 내고, 그것을 충분히 누릴 만큼의 여유는 분명히 있어."

우리는 고통을 경험하기 위해 이 세상에 온 것이 아니다. '고통'의 진정한 의미는 잘못된 삶의 방식과 그릇된 사고방식에서 깨어나 성장하도록 도와주는 데 있다. 궁극적으로 우리의 삶을 더 깨어 있게 만들어 이성적으로 삶을 경영하고 창조할 수 있도록 도와주는 것이 고통의 의미이다.

4

최근 한 친구가 찾아왔다.

"나의 지난 20여 년은 마치 '구덩이 메우기'를 하는 시간이었던 것 같아. 내 모든 시간을 결점을 고치는 데만 쏟아부은 것 같거든. 마침내 내가 큰일을 할 수 있을 만큼의 완성형 인간으로 성장했다고 느꼈을 때 주위를 돌아보니 다른 친구들은 이미 저 멀리 앞서가고 있더군. 그 좌절감과 박탈감 때문에 어찌해야 할 바를 모르겠어."

나는 친구에게 말해 주었다.

"네가 상처투성이인 채로 다른 사람의 출발점에 서 있다고 하더라도 넌 이미 충분히, 그 누구보다도 뛰어난 상황이야. 얼마나 높이 있는지, 얼마나 많은 것을 소유하고 있는지는 인생에 있어 중요한 게 아니야. 진짜 소중한 것은 얼마나 많은 것을 포기해 보았는지, 인생의 고통에서 얼마나 벗어날 수 있느냐 하는 것이지."

강자의 '강함'은 내면의 '단단함'에서 오는 것이 아니라 '유연함'에서 온다. 강자를 강하게 만드는 것은 용감무쌍하게 상대와 부딪힐 수 있는 '임전무퇴의 정신'이 아니라, 파괴적인 수준의 타격을 받고도 그 상처를 딛고 매번 일어나는 '칠전팔기의 정신'이다.

지금까지 살아오는 동안 당신은 많은 시간을 허비하고 수많은 아쉬움을 남겨왔을 것이다. 원하는 대학교에 합격하지 못했을 수도 있고, 번듯한 직업을 얻지 못했을 수도 있다. 부모님의 속만 태우는 못난 자식일 수도 있다. 우리 인생의 모든 단계를 뒤돌아보면 그 당시에 더 나은 선택을 할 수 있었을 것 같고, 더 세련된 표현으로 세상을 대했을 수도 있을 것 같다. 단지 시간을 되돌려서 다시 시작할 수만 있다면 모든 것이 달라질 것만 같다.

그러나 시간의 회귀가 현실이 된다고 하여도 자신의 생각처럼 그렇게 상황이 달라지진 않을 것이다. 당신의 세계에서 당신은 이미 최선을 다했고, 그 결과 최적의 가치를 얻은 것이기 때문이다. 같은 환경에 처하게 된다면 그 누구도 당신보다 더 잘 해낼 수는 없다. 소위 '낭비'나 '허비'로 평가되는 것들도 전부 다 이유가 있고 의미가 있는 선택이다. 아무런 실패나 손실이 없다면 아무것도 시도해 보지 않은 것이다. 평생을 살아가면서 겪은 좌충우돌의 경험은 사람을 더욱 강하게 만든다.

그렇기에 당신은 이미 아주 잘 해 왔고 잘하고 있다

우리가 태어난 환경, 성장 배경, 또는 질병의 발병 등은 우리가 선택하고 결정할 수 있는 것이 아니다. 그렇기에 단순히 '결과'만을 가지고 다른 사람과 비교하는 것은 이치에 맞지 않는다. 타인과의 비교로 자신을 조급하게 만들 필요가 전혀 없다는 말이다.

5

한 사람이 일궈온 재산은 사라져 버릴 수도 있지만, 한 사람이 지난 시간 동안 쌓아온 경험은 항상 그를 따라다닌다. 그 경험들은 빠르게 돌아가는 이 세상 밖으로 우리를 데리고 나와 자신의 삶을 관찰하는 혜안을 선물하였다. 즐겁고 보람차게 사는 법을 가르쳤으며, 천천히 느리게 가는 길이 결국에는 가장 빨리 가는 길임을 이해시켜 주었다.

만약 당신이 어떤 일로 번민하고 고뇌하는 데 긴 시간을 써버린 경험이 있다면 그것 때문에 인생을 허비했다고 탓하지 말아야 한다. 삶의 긴 여정에서 보면 당신은 시기를 조금 앞당겨 그 뒤에 있는 문제들을 먼저 처리했을 뿐이기 때문이다. 쓸모없어 보이는 '사색과 멈춤의 시간'들은 마치 밤하늘에 작은 별 하나를 밝히는 것과 같아 결국 당신이 걸어갈 미래의 길을 밝혀 줄 것이다.

아름다운 척하는
윤리적 가치의 함정

1

나는 나 자신을 포함해서 열등감으로 똘똘 뭉친 사람들을 많이 관찰해 왔다. 그 과정에서 그들이 열등감을 느끼기 시작하면 도덕적 미화의 길로 들어서도록 스스로 강요한다는 것을 알게 되었다. '도덕적 미화'란 책임, 정직, 정의, 성실, 충성 및 연대 등의 윤리적 가치를 절대적 기준으로 삼아 자신의 선택과 행동에 대해 정당성을 부여하는 것을 뜻한다.

이런 도덕적 미화는 사람을 더없이 겸손하고 온화하게 하며, 사사로운 욕심에서 벗어나도록 만든다. 그래서 타인에 대해 강한 동정심을 느끼게 하고, 타인의 감정에 지나치게 동화되어 과도한 공감을 하게 한다. 동시에 열등감과 단짝처럼 붙어 오는 예민한 감각은 고통을 더 깊게 느끼게 하고, 타인은 물론 더 나아가 이 세상에 대해 형언할 수 없는 죄책감을 느끼게 한다.

"어떤 상황에서도 다른 사람에게 민폐를 끼쳐서는 안 돼."
"그들에게 양보하는 게 맞는 거야. 난 그걸 가질 자격이 없어."
"모두한테 좋으면 그걸로 된 거야. 난 어떻게 되든 상관없어."

이런 생각들의 본질은 사실 일종의 '도덕적 자기 미화'에 그 뿌리를 두고 있다. 자존감이 매우 낮아서 열등감으로 가득 차 있는데 '도덕적 미화'의 심리는 도대체 어디에서 기인한 것인지 적지 않은 사람들이 의문을 갖는다. 하지만 심각할 정도로 저하되어있는 그 자존감을 세우기 위해 윤리적 가치를 따르는 도덕적 미화 과정을 통해서야 비로소 자아를 인정할 수 있는 것이다.

2

나 역시 많은 기회를 타인에게 양보했었고, 원하는 것을 눈앞에 두고도 갖지 못하고 오히려 다른 사람에게 양보하듯 밀어내기 일쑤였다. 또한 타인의 인정을 얻기 위해 스스로 손해를 감수하면서 다른 사람들이 만족할 만한 행위를 수도 없이 했다.

나는 단순히 내 안에 가득 차 있는 열등감 때문에 이런 행동을 서슴없이 한다고 생각했다. 그러나 여러 해가 흐른 지금, 그렇게 행동했던 이유가 내가 사심 없이 숭고한 윤리적 가치를 중시해서도, 또 단순한 열등감 때문만도 아니라는 것을 점차 깨닫게 되었다.

마음속으로 '나는 욕심 낼 자격이 없어'라고 생각했지만, 잠재의식 속에 울리는 또 다른 목소리가 있었다. 듣지 못하는 척하며 만족감을 느끼게 하는 목소리였다.

"나는 아름다운 마음을 가진 사람이야."

이것이 바로 많은 사람이 열등감에서 벗어나지 못하는 이유이다. 표면적으로 열등감으로 인해 기회를 놓치고 피해를 입는 듯이 보이지만 그 과정에서 자기 자신에게 자아를 인정받는 만족감을 얻는다.

3

'윤리적 가치'는 때로 아름답게 장식된 함정과도 같다. 그래서 함정에 빠지면 열등감이라는 밧줄에 단단히 옭아매어지게 된다.

윤리적 가치를 좇는, 그래서 도덕적 미화에 빠져 그렇게 살아온 세월 동안 나는 이 함정에서 무엇을 얻을 수 있었을까? 끊임없이 양보하는 행위는 내가 지속적으로 자신의 가치를 폄하하게 하는 동시에, 점차 스스로 어떤 것도 소유할 자격이 없는 존재로 생각하게 만들었다. 또 자신의 이익을 반복적으로 희생하는 행위는 자신에게 '최악의 결과를 선택하라'는 심리적 암시를 심어 주었다.

윤리적 가치를 따라야만 자신의 가치를 스스로에게 인정받을 수 있다는 생각은 현대 사회에서 살아가기에 상당히 위험한 사고방식이다. 한 번 무너지는 순간, 바로 끝도 없는 자기 부정에 시달리게 되기 때문이다. 사람들이 자기 자신에게 인정받기 위해 취하는 '도덕적 행위'는 '속물적 경쟁'보다 우월하다는 착각을 불러일으킨다. 그래서 앞으로 나아가지 못하게 만듦과 동시에 시류를 따라가지 못하는 오류를 범하고 있으면서도 이를 알아채지 못하게 한다.

많은 폐해 가운데 가장 무서운 점은 도덕적 미화에 집착하게 되면서 동시에 자신의 욕망을 경멸하고 적대시하기 시작한다는 것이다. 점차 자신의 어떠한 욕구도 만족시키지 못할 뿐만 아니라 '원하고 바라는 마음' 자체를 수치스럽다고 여기게 된다. 이렇게 억압된 욕망은 치명적인 영향을 미친다. 오랫동안 욕구를 억누르다 보면 점차 욕망 자체를 상실하게 되어 자신의 삶에 어떠한 동기 부여도 할 수 없는 지경에 이르게 된다. 자신에게 있어 이 세상에 즐거운 것은 아무것도 남아 있지 않게 되는 것이다.

4

한 번은 나의 어머니가 나의 습관에 대한 이야기를 들려준 적이 있다. 누군가가 나에게 어떤 물건이 필요한지 물어봤을 때 필요치 않으면 나는 '필요하지 않아요.'라고 대답하지만, 필요할 경우에는 아무런 대답을 하지 않았다고 한다. 그래서 어머니는 '거부 의사 표현'과 '무응답'을 통해 내 의사를 파악할 수 있었다고 했다.

지난날을 돌이켜 보다 문득 나에 대해 새롭게 알게 된 것이 있다. 그것은 바로 어머니의 말씀처럼 나는 살면서 무엇인가를 원한다거나 갖고 싶다는 말을 입 밖으로 꺼내어 본 적이 거의 없다는 것이다. 뜻밖에도 지금까지 나는 나 자신을 위해 무언가에 필사적으로 매달려 쟁취해 본 적이 없다. 무언가에 흥미를 느낄 때에도 일부러 무관심한 듯한 모습을 보였고, 내가 누군가를 좋아하게 되거나 심지어 다른 사람이 나에게 호감을 보일 때에도 언제나 멀리 도망치기 바빴다. 그 누구에게도 민폐를 끼치거나 번거로운 일을 만들고 싶지 않았기 때문이다.

누군가 자신이 옳다고 여기며 '정신적 만족'을 절대적인 이상으로 추구하는 삶을 살고 있다면 사실 실패하거나 다른 사람과 경쟁하는 것이 두려워서 허울 좋은 도피를 꾀하는 것에 불과하다. 그러나 내면의 강한 자존심은 자신에게 '그 누구에게도 결코 져서는 안 된다'고 요구하기 때문에 결국 선택한 다른 표현 방식이 '신경 안 써, 개의치 않아'라는 회피의 길이다. 다른 사람과 다투거나, 타인에게 거부당하고 부정당하는 데서 오는 견디기 힘든 실패의 고통보다는 차라리 기대를 낮추고 욕망을 억누르는 것이 상처를 줄이는 가장 쉬운 방법이기 때문이다. 그러다 보면 이런 사람은 어떤 바람도 욕구도 없는 사람으로 변해 버린다.

"나는 너희와 경쟁하지 않을 거야."
"나는 티 없이 맑고 초연한 사람이야."
"나는 나의 이 숭고한 정신세계에 만족해. 사리사욕에 찌든 이 세상과는 차원이 다르지."

그러나 이 모든 것들은 열등감이 몰아넣은 막다른 궁지에서 한 선택일 뿐이다. 자신이 부족하다고 생각하기 때문에 자신에게 도달할 수 없는 성인군자의 잣대를 적용하려 한다.
'도덕적 미화' 과정 아래에서 사람은 영원히 열등감을 떨쳐버릴 수 없다. 끊임없이 위축되고 자신을 더욱 억누르게 되어 결국 영원히 자신감에 찬 발걸음은 뗄 수 없게 된다.

5

우리가 정신적인 자기 만족감의 허상에 빠져 자신의 나약함을 당연하게 받아들이게 되면 자기 자신은 돌보지 않고 방치한 채 타인의 인정을 구하기 위해 다른 사람을 만족시키는 데에만 급급하게 된다. 자신이 갈망하는 것들은 그저 바라보기만 해도 된다고 스스로 위안하며 영원히 아무것도 소유하지 못한 상태로 자신만의 세계에 웅크리고 숨게 될 것이다.

그래서 우리는 '불확실한 행복'을 두려워해서는 안 된다. 열등 감에 젖어 있는 사람에게 가장 필요한 것은 자신의 욕망을 인정하고 '원해요!'라는 세 글자를 말하는 것이다. 열등감에서 벗어나려면 자신의 욕망과 욕구를 인정하고 그것들을 밖으로 표출하도록 꺼낸 다음, 합리적으로 원하는 것들을 채워주어야 한다. 무엇인가 좋아하는 게 있다면 침묵으로 일관하거나 태도로만 의사를 표현하지 말고, 수동적으로 누군가 가져다주기를 바라고 기다리지도 말아야 한다. 이제는 용감히 능동적으로 쟁취하는 방법을 배워야 할 때이다.

다시는 자신의 욕망을 적대시하지 말자. 재화이건 사람이건 간에 그 어떤 것도 자신이 바라는 것에 대해 수치심을 느낄 필요가 없다.

더 이상 자신이 자격이 없다는 생각도 하지 말아야 한다. 용기를 낼 수 있다면, 조금만 더 나은 방향으로 변해갈 수 있다면 충분히 가치가 있는 사람이다.

원하는 것이 있다면 방법을 강구해서 얻어야 하고, 좋아하는 사람이 있으면 먼저 다가가야 하며, 이루고 싶은 일이 있으면 최선을 다해 열심히 해야 한다. 자신을 과감히 변화시켜 이 세상에서 가장 아름다운 것들에 집중해야 한다. 그래야 열등감이란 그저 거대한 그림자일 뿐이고, 좋아하는 일을 위해 노력한다는 것 자체가 원래 행복한 일이라는 것을 깨닫게 된다.

가장 중요한 것은 결과가 어떻든 간에 적어도 시도해 보고 경험해 보았다는 것이다. 그래야 후회하지 않을 수 있다. 정말 뼈저리게 후회해야 하는 것은 시도해 보고 얻게 된 아쉬운 결과가 아니라 원하는 것이 있음에도 목소리조차 내보지 못하는 것이다.

한없이
작은 세상 속에 사는 우리

1

심각한 우울증에 걸린 소녀를 상담한 적이 있었다. 그때 그 소녀는 등교를 거부했었지만, 그녀의 아버지는 필사적으로 그녀를 학교에 보내려 했다. 그때 우리는 인터넷으로만 소통했기 때문에 나는 소녀가 학교에서 어떤 일을 겪고 있는지, 구체적인 학교 생활에 대해선 몰랐다. 하지만, 그녀가 하루하루 매우 힘겹고 고통스럽게 지내고 있다는 느낌이 들었다. 당시 내가 해줄 수 있는 일은 경청하고 심리적인 지주목支柱木 역할을 해주는 것뿐이었다.

그러던 어느 날 갑자기 그 소녀가 더 이상은 버티지 못할 것 같아 모든 걸 포기하기로 결심했다는 메시지를 보내왔다. 이미 약은 준비된 상태이며 곧 먹을 예정이라고 했다. 나는 너무 놀라서 정신없이 자판을 두드렸다. 끊임없이 메시지를 보내며 멈출 것을 권유했지만 그녀는 상관하지 말라며 더 이상은 살아갈 수가 없다고 했다.

나는 여러 가지 방법을 시도해 보았지만 소녀의 태도가 너무 확고했기에 아무런 효과가 없었다. 다급해진 나는 생애 처음으로 119에 신고 전화를 걸었다. 하지만 구체적인 신상 정보가 없었기 때문에 그녀에게 직접적인 도움을 줄 수가 없었다. 이어 소녀가 살던 도시에 신고 전화를 다시 걸었지만, 구체적인 지역, 위치, 이름, 전화번호, 주민등록번호 등에 대해 아는 정보가 전혀 없었기에 아무 소용이 없었다.

내가 절망감을 느끼고 있을 때쯤 갑자기 소녀의 태도가 누그러지더니 나에게 물었다.

"저 이제 어떻게 해야 하나요?"

나는 너무 기뻐서 기회를 틈타 소녀의 신상 정보를 알아낸 뒤 다시 신고 전화를 누를 수 있었다. 소녀와 통화를 했을 때 나는 소녀의 마음을 형식적으로 위로하기보다는 당시 내가 느꼈던 감정을 있는 그대로 이야기했다. 내가 얼마나 소녀를 위해 다급하게 구조 요청을 했는지, 그 시간이 얼마나 길고도 고통스러웠는지, 그리고 소녀를 구하지 못했다는 죄책감에 시달릴 뻔했는지 말이다.

나중에 '경청하기'라는 프로젝트를 수행하던 중 마침 소녀가 거주하는 도시에서 관련 행사가 있어 결국 소녀를 직접 만나게 되었다. 소녀는 밝게 웃으며 그날 일에 대한 감사를 표했다.

"그날 조금만 더 늦었다면 아마 전 이 세상에 없었을지도 몰라요. 선생님이 저를 위해서 그렇게 애써 주신다는 걸 알았을 때 저는 '사는 것이 그리 무의미하지는 않구나'라는 생각을 했어요. 살려주셔서 감사합니다."

그리고 소녀와 집 근처에 있는 공원을 산책하고 현지 음식을 맛보러 다녔다. 가는 내내 소녀는 만면에 미소를 머금고 폴짝폴짝 뛰기도 하면서 그동안 자신에게 생긴 변화에 대해 말해 주었다. 그날 이후 소녀는 스스로 변화하기로 마음을 굳게 먹었다고 한다. 지금 사는 도시로 이사를 했고, 새로운 도시에서 일자리도 구했다고 했다. 그리고는 과거의 좋았던 경험과 힘들었던 경험에 대해서도 이야기했다. 과거와 비교해 보면 소녀는 마치 다른 사람이 된 것 같았다. 나는 소녀의 변화를 통해 가슴 속 깊은 곳에서 우러나오는 기쁨을 느끼며, 그 아이의 행복을 진심으로 바랐다.

2

극도로 내성적인 성격의 한 남학생에게 수차례에 걸쳐 연속으로 면접을 치르게 하는 심리학 실험을 한 적이 있었다. 면접을 기다리는 대기 시간 동안 실험자는 몇 명의 여학생을 시켜 피실험자와 이야기를 나누게 하였다. 여학생들이 그가 하는 말마다 관심을 보이도록 상황을 설정했다.

몇 차례의 면접을 치른 후 남학생은 돌연 명랑하고 외향적으로 변하여 사람들 앞에서 당당하게 발언을 할 수 있게 되었다. 이때 이 남학생에게 모든 것은 단지 실험이었을 뿐 그 여학생들은 그에게 관심이 있는 것이 아니라고 알려주었다. 하지만 예상을 뒤엎고 진실을 알게 된 남학생은 예전처럼 내성적으로 돌아가지 않았다.

이 세상은 매우 크지만 우리가 살아가는 생활권은 매우 작다. 우리는 작은 울타리 속의 세상 안에 사는 사람들이라 그 작디작은 세상을 온 세상이라 여긴다.

유치원에서 근무하는 사람은 아이처럼 천진난만하고 사랑스러워지며, 이 세상이 아름답고도 시끌벅적한 곳이라 생각할 수 있다. 서로 속고 속이는 일이 판치는 곳에 생업을 둔 사람은 매우 예민하고 거짓말에 능숙할 수밖에 없다. 또 고독에 익숙해진 사람은 세상을 바라보는 시선이 비관적으로 변한다.

몇몇 사람, 몇몇 사건 또 몇몇 경험들은 우리가 살아가는 이 울타리 안의 전반적인 분위기를 결정한다. 마치 체크 무늬의 안쪽에 바탕색을 칠하는 것처럼 말이다. 이 '체크' 안을 회색빛으로 채우면 우리는 온 세상이 회색빛으로 물든 것처럼 느껴지고 이로 인해 세상에 대한 절망감이 생긴다. 하지만 이 '회색 체크' 안에 사는 사람들을 밝은 빛의 체크로 옮겨 일정 기간 머무르게 한다면 이들은 아마 위에서 언급했던 피실험자 남학생처럼 밝아질 것이다.

원래 정신적으로 건강했던 사람들도 마이너스 에너지가 가득한 집단에 머무르게 되면 우울한 감정에 서서히 잠식되다가 결국 정신 붕괴 상태에 이르게 된다. 만약 매일 원하지 않는 일을 하도록 강요받는다면, 매일 외부로부터 끊임없는 부정을 받아들여야 한다면, 매일 많은 짐을 짊어지고 빚을 갚기 위해 살아야 한다면 어떻게 될까? 아무리 정신 건강 상태가 좋았던 사람이라 할지라도 머잖아 삶에 대해 절망적으로 변할 것이다.

그러므로 절망감이 엄습해 올 때, 이 절망감을 느끼게 하는 것은 잠깐 몸담은 작고 작은 잿빛 세상일뿐 온 세상이 아니라는 것을 잊지 말아야 한다.

3

대부분의 사람이 가지고 있는 나쁜 습관이 있다. 그것은 바로 모든 일을 자기중심적으로 합리화하려 드는 버릇이다.

열등감에 젖어 남과 경쟁하는 것을 두려워하는 사람들은 항상 자신에게 이런 말을 한다.

"나는 고상하고 품위 있는 사람이야. 그러니 품격 높은 내가 양보하지."

"나는 세상 모든 것에 초연한 사람이야. 그런 세속적인 것들의 가치를 좇아 남들과 다투고 싶지 않아."

이렇게 합리화 과정을 거치고 나면 자신의 나약함을 잊어버릴 수 있게 되어 처참한 결과를 태연자약한 자세로 받아들일 수 있다. 이런 사람들은 부모에게 홀대받고 푸대접받는 상황에 처해도 자신을 꾸짖는다.

"부모님이 이렇게 대하는 것은 모두 다 내가 잘못했기 때문이야. 난 너무 형편없어서 사랑받을 가치가 없는 사람이야."

그들이 이런 생각을 하는 이유는 마음속으로 그들의 부모님이 좋은 사람이기를 원하기 때문이다. 업무를 할 때 다른 사람과 의견이 다를 경우에도 그들은 무의식적으로 자신에게서 원인을 찾는다. 그리고 이내 자신에게 있는 어떤 문제 때문에 이런 결과가 촉발됐다고 생각한다. 언제, 어디서, 어떤 상황에 직면하더라도 그 문제를 합리화할 수 있는 구실을 찾으려 한다. 단 하나의 구실이라도 그 상황을 합리화시킬 수 있는 이유이기만 하면 된다. 이런 수많은 거짓에 기대어 간신히 삶을 버텨가고 있으니 그들의 삶은 휘청거릴 수밖에 없다. 휘청거리다 못해 끝내 무너지는 순간에 이르더라도 진실을 정면으로 마주하고 싶어 하지 않는다.

방어 기제^{defence mechanism}* 중 하나인 자기 합리화는 더없이 열악한 환경에서 더 오래, 더 멀리 갈 수 있도록 하는 끈기와 강한 적응력을 부여하기도 하지만, 익숙해져 버린 고통 속에 가두어 두고 '현상 유지'라는 네 글자에 결박시켜 현 상황에서 벗어날 가능성을 차단해 버린다.

---

* **방어 기제** : 잠재적 불안의 위협에서 자신을 보호하기 위해 실제적인 욕망을 무의식적으로 조절, 또는 왜곡하면서 마음의 평정을 찾는 심리학적 메커니즘

한 사람이 있었다. 그는 아주 오랫동안 단독으로 프로젝트를 진행하는 업무를 수행하였는데, 그 프로젝트가 실패로 돌아가자 지독한 고통과 절망의 늪으로 빠져들었다. 얼마 지나지 않아 그는 평생에 한 번 있을까 싶은 사랑을 만나게 되었고, 강렬한 즐거움의 화염 속으로 빠져들었다. 그러다 사랑을 잃고 다시 고통의 나락으로 떨어지게 되었지만, 그는 이내 더 숭고한 이상을 찾아 이를 실현하기 위해 매진함으로써 다시 내면의 기쁨을 되찾았다.

사람은 대체로 정해진 운명에 좌우되어 정해진 자신의 작은 울타리 안에서 웃고 또 울며 살아간다. 거세고 강렬한 고통만이 진실을 직시할 수 있는 용기를 북돋게 하며, 진실을 정면으로 바라보아야 오래된 울타리를 벗어나 더 넓고 진실한 세상을 볼 수 있다.

이 세상은 우리 주변의 몇 사람, 몇 가지 일, 몇 가지 경험만 존재하는 것이 아니다. 우리는 더 많은 사람을 만날 수 있고, 더 많은 생활 방식과 더 많은 일을 경험할 수 있다.

절망으로 가득 차 있는 울타리 너머 세상에는 우리 한 사람 한 사람에게 가장 적합한 자리가 모두를 기다리고 있다.

고독을 더욱
고독하게 만드는 악몽

1

어렸을 때 나는 몸이 허약한 편이었다. 그래서 그런지 소위 '가위눌린다'라고 일컫는 악몽에 자주 시달렸는데 하룻밤에 서너 번씩 깰 정도로 심할 때도 있었다. 처음 악몽을 꾸기 시작했을 때는 너무 무서웠지만, 반복될수록 점점 무감각해져 나중에는 아예 신경도 쓰지 않을 정도로 익숙해졌다. 나중에는 악몽을 심지어 게임처럼 생각하기도 했다. 첫 번째 악몽에서 많이 시달려 체력이 많이 소진된 상태로 깨어나면 여전히 피곤한 상태로 다시 잠들기 때문에 두 번째 악몽을 경험할 가능성이 높았다. 가위눌림이 잦아질수록 그 상황이 괴로운 것이 아니라 오히려 정신은 깨어 있는데 몸은 통제력을 잃어가는 그런 느낌이 슬슬 재미있게 느껴지기도 했다. 이후로 건강이 많이 회복되면서 나는 더 이상 악몽을 꾸지 않았다.

그런데 최근 나는 아주 시끌벅적하고 소란스러운 꿈을 꾸었다. 꿈속의 나는 어린 시절로 돌아가 친구들과 함께 있었다. 우리는 함께 놀고, 함께 맛있는 음식을 사 먹고, 함께 거리를 구경하며 돌아다니다 친구 집에 가서 게임도 했다. 그렇게 친구들과 즐거운 시간을 보낸 뒤 집에 돌아왔는데 어떤 전조 증상도 없이 침대 위로 넘어지면서 갑자기 전신의 통제력을 잃어버렸다.

꿈속에서 나는 어린아이인 채로 무방비 상태에 놓여 있었기 때문에 점차 공포심에 잠식되어 갔다. 짓눌러 오는 두려움이 갑자기 찾아온 병마로 느껴져 나의 생명을 빼앗으려 하는 것 같았다. 필사적으로 몸부림치며 온 힘을 다해 몸을 뒤척이려 애썼으나 소용이 없었다. 도움을 청하려고 고함을 질러댔으나 입에서는 아기처럼 여린 목소리만 나올 뿐이었다. 문 바로 밖에서 가족들의 움직이는 소리가 들리자 나는 그들에게 도움을 청하기 위해 필사적으로 소리를 만들어 냈다. 꿈속에서 온 힘을 다해 가슴을 두드리고 침대맡의 벽을 두드렸지만 아주 작은 소리만 날 뿐이었다. 온갖 방법을 동원해서 내가 처한 위험을 알리려 하였지만 가족들의 주의를 끌기에는 역부족이었다. 바로 그 순간 나는 깨어났고, 곧바로 내 몸을 마음대로 움직일 수 있게 되었다.

꿈에서 깨고 난 후 남은 생을 빼앗기지 않았다는 다행스러움보다는 도리어 자신에게 화가 나기 시작했다. 어떻게 수년 동안겪어봐서 익히 잘 알고 있는 가위눌림 따위에 이런 추태를 부리는지 황망하기 그지없었다. 여러 해가 지난 후 다시 찾아온 악몽은 또 한 번 나를 속였고, 엄습해 오는 죽음의 공포에 대한 생생함이 온몸을 서늘하게 만들었다.

나는 영면을 눈앞에 둔 사람들도 만나봤었고, 죽음의 공포에사로잡힌 사람들과 깊은 이야기를 나누기도 했었지만, 오늘에이르러서야 평온을 유지한 채 깨어 있는 상태로 이 화제에 대해논해볼 수 있을 것 같다고 생각했다. 그렇지만 죽음이 임박해 있는 가사假死의 악몽 속에서는 너무 겁이 나서 내 몸조차 제대로가눌 수 없는 상태가 되어 생존본능조차 잃어버린 채 발악하며도움을 청하는 신세였다.

2

꿈속의 모든 장면은 너무나도 현실 같아서, 나는 지금의 현실을 잊어버리고 잠시 그 나이대로 돌아갔었다. 나는 꿈속에서 만난 모든 친구에게 마음을 터놓을 수 있을 만큼 그들을 신뢰하고있었으며, 우리 사이에는 어른들의 셈법이나 긴장감이 필요 없는 막역함이 있었다. 그것은 일종의 타임슬립, 시간 여행이었다. 그때는 모든 것을 새롭게 다시 시작할 수 있을 것 같은 느낌이었다. 학창 시절로 돌아가 나에게 다가오는 우정과 사랑을 거부하지 않고 오롯이 받아들이고, 단체 생활 속에 스스럼없이 참여하며 가볍게 웃고 있어서 마치 나 자신이 보통 사람처럼 느껴질 정도였다. 마치 살아 숨 쉬는 신기루 같은 장면들이 나의 발목을 잡고 빠져나오지 못하게 했다.

그런데 인생에서 단 한 번도 열심히 노력한 적이 없던 내가 모든 것을 잃게 되리란 사실을 깨달았을 때는 그렇게 두려움에 떨고, 또 그렇게 필사적으로 몸부림치며 누군가가 나를 구하러 오기를 기도하고 갈망했다.

정신을 차리고 난 뒤, 나는 살아 있다는 안도감과 기쁨을 전혀 느끼지 못했다. 꿈이었다는 것을 인식한 후 죽음에 대한 공포심은 썰물처럼 순식간에 물러갔기 때문이다.

현실은 이와 같다. 내 인생의 대부분이 텅텅 비고 적막하다. 아무도 들이지 않았고, 나눌 이야기도 없다. 24시간 깨어 있는 느낌이 들기도 하고, 마치 눈앞에 놓인 TV를 보는 것 같기도 하다. 비록 극단적인 어두운 면을 마주하고 도움이 필요한 사람들에게 감정과 열정을 쏟아부으려 노력해도 잠시 잠깐 감정이 일렁일 뿐이다. 오랫동안 경청만을 해왔던 나는 그 누구에게도 나의 이야기를 털어놓은 적이 없었다.

일찍이 내 인생 자체를 현실 세계에 개방한 적이 없었던 터라 유대감도 없었고, 이 세상에 대한 소속감을 찾기도 어려웠다. 한없이 바라보고 동경하던 사랑도 더 많은 측면에서 보면 현실과 무관한 일방적인 환상에 불과했다. '단순'하게 사는 것이 내 인생의 가장 큰 목표였다.

내 인생에 나타났던 중요한 사람들을 회상해 보면 그들은 모두 예외 없이 나에게 실망하고 완전히 떠나갔다. 비록 지금은 내 일신상의 많은 단점과 결함을 많이 보완하였지만, 어떤 결함들은 영원히 채울 수 없을 것만 같다.

고독의 진면모를 보고 나서야 비로소 집단에서 소속감을 잃는다는 것이 무엇을 의미하는지 점차 깨닫게 된다. 그것은 인생이라는 게임에서 기뻐하고 의미를 부여할 수 있는 어떤 것도 얻을 수 없다는 것을 의미한다. 삶의 끝에서 아무리 도와달라고 몸부림쳐도 이 애타는 목소리를 들어줄 사람 하나 찾지 못한다면 이 몸부림은 아무 의미가 없다.

3

사실 과거의 나는 모든 사람이 어떤 감정 속에 잠겨서 영원히 고독하고, 영원히 즐거움을 느끼지 못하는 삶을 영위할 것이라고 굳게 믿었다. 그러나 인생의 암흑기를 지나고 난 후 나 자신을 설득할 힘이 생겼다. 정신을 차리고 난 뒤 가장 기본적인 논리에 근거해서 그 잘못된 생각을 바로잡았다.

"그래 맞아. 넌 너 자신을 4차원 또는 남들에게 이해받지 못하는 괴짜라고 생각하지. 근데 말이야, 네가 이런 글을 쓰고 있을 때를 보면 네 생각을 다른 사람들에게 이해받고 싶은 갈망을 표현하고 있는 것 같아. 이렇게 넓은 세상 위에 너처럼 조금은 남들과 다른 사람이 없을 이유도 없잖아. 이렇게 자기 원망 속에 살면서 스스로 가련하다고 여기느니 차라리 더 많은 사람을 만나고 친구를 사귈 기회를 늘려보는 것은 어떨까?"

생각이 여기에 이르자 그 순간 갑자기 자물쇠를 여는 듯 '찰칵' 하는 소리가 귓가에 들렸다.

지금껏 살아오는 동안 나는 눈앞의 기회를 여러 번 포기하고, 타인과의 경쟁을 포기하고, 또 다른 사람들의 관심을 거부한 채 내면의 욕망을 억누르고 지냈다. 매번 선택의 순간에 직면할 때마다 혼란스러운 상태에 빠지고 그 후엔 정해진 듯 나의 결정권을 포기했다.

까다롭고 괴팍한 성격과 열등감은 인생을 모든 게 이미 정해져 있는 숙명처럼 느끼게 했다. 이런 '숙명'은 또 다른 악몽처럼 나의 사고에 대한 통제권을 상실시켜 나 스스로 이렇게밖에 할 수 없는 것이라고 믿게 했다. 영원히 괴팍하고, 영원히 이해받지 못하고, 영원히 이질적인 채로 말이다. 그래서 나는 영원히 문을 걸어 잠근 채 움츠리고 나약할 수밖에 없다고 믿게 했다.

4

진실은 매우 단순하다. 열등감 때문에 거절당하고 실패하는 것이 두려워 움츠러드는 것이다. 그리고 움츠러들기 때문에 자기혐오감이 생긴다. 또 이 자기혐오감은 정신을 지탱해 줄 버팀목을 찾게 하는데, 이때 윤리적 가치를 따르는 고상한 인품을 추구하거나, 남들은 좀처럼 하지 않는 취미를 갖는다거나, 혹은 미술작품이나 인생의 의의를 찾는 철학 등에 열중하게 된다. 이렇게 오랫동안 괴팍하게 지내며 사회를 떠나 소속감을 찾으려 하면 '숙명론'이 뿌리 깊게 뇌리에 박히게 된다.

"아무것도 시도하지 마. 결과는 네가 감당할 수 없을 만큼 끔찍할 거야."

"지금 이게 너의 최선이야. 이렇게 할 수밖에 없어, 더 이상 노력하지 마."

"넌 이 사회의 아웃사이더야. 드러나지 않도록 자신을 잘 숨겨."

자기혐오가 있는 사람들은 피할 수 없는 운명이 던지는 이런 말들에 완전히 매혹될 것이다.

나약함과 도피로 인한 후유증에 맞서기 위해 삶의 태도를 '수동적'에서 '능동적'으로 바꾸고, 평범하지 않은 '비범함'을 선택하는 이 두 가지 방법을 통해 자신을 미화하려 들 것이다. 매번 물러서고 숨고 싶을 때마다, 자신이 죽도록 싫어지는 순간마다 더 많은 '자기 인정'이 필요하기 때문이다. 그리고 끊임없이 자신에게 말한다.

"내가 물러서는 것은 남들과 경쟁하는 게 가치 없기 때문이야. 난 지금 물러서도 괜찮아. 내가 추구하는 이상은 남들과 달라서 내 의지대로 자진해서 그만두는 것뿐이야."

때로는 '자기혐오'가 오히려 내적으로 자신을 더 자랑스럽게 여기게 하고 강한 자기 인정을 부여한다. 많은 사람이 자기혐오,

열등감과 더불어 나르시시즘Narcissism*을 동시에 가진 이유가 여기
에 있다.

5

인류 역사를 살펴보면 성격은 괴팍하지만 뛰어난 업적을 이룬
사람들이 많이 있다. 그래서 많은 사람이 '고독'을 예찬하고, 외
로움을 잘 견디는 것을 자랑스러워한다. 때로는 '고독'이라는 글
자를 '세속'의 반대어인 것처럼 사용하기도 한다.

그러나 큰 스님 또는 명상가들이 선택하는 '고독'은 자아를 완
성하는 과정에서 불필요한 곳에 낭비되는 시간과 노력을 절약
하기 위해 능동적으로 선택하는 고독이지만, 많은 사람들이 생
각하는 일반적인 '고독'은 수동적으로 선택하는 고독이다. 전자
의 고독은 뜻한 바가 명확하지만, 후자의 고독은 '세상과 자아',
그리고 '이상과 현실' 사이를 오락가락한다. 다시 말해 자기 부
정과 자기 인정 사이에서 갈피를 잡지 못한다. 내적 갈등의 골이
깊어질수록 정신이 붕괴될 가능성이 높아지는 것이다.

---

* **나르시시즘**: 자기애, 그리스 신화의 미소년 나르키소스가 물에 비친 자신의 모습에 반하
여 자기와 같은 이름의 꽃인 나르키소스, 즉 수선화가 된 것에서 비롯된 용어

현실을 자각하고 그 충격을 견디지 못하게 되면, 지금껏 쌓아 올린 자기 인정의 힘이 철저한 자기 부정으로 더 강하게 변모한다. 결국, 지금까지 견지해 오던 고상한 인품, 추구해 오던 이상, 고독, 남다른 비범함 등이 현실에서 도피하기 위한 피난처였을 뿐 모두 거짓된 허상에 불과하다는 것을 인정할 수밖에 없게 된다. 이런 충격은 파멸적이어서 정신 붕괴나 심리적 왜곡을 초래할 가능성이 매우 높다.

내가 이 글을 쓰는 이유는 내가 그랬었기에 나와 '같은 길'을 걷는 사람들에게 경각심을 주기 위해서이다. 더 이상 자신을 미워하지도, 가련하다고도 생각하지 말아야 한다. 자기 인정을 얻는 것보다 끊임없이 변화하는 것이 삶을 더 가치 있게 만들어 주기 때문이다.

예전의 나는 이런 말을 자주 했다.

"아무도 나를 알지 못하는 곳에 가서 혼자 숨어 지내다가 외롭게 죽고 싶다."

그러나 지금의 나는 이제 이렇게 말한다.

"당신과 함께 있어서 정말 행복합니다."

소외감,
그 처절한 외로움

1

어떤 이는 외로움을 느끼지 않기 위해 스스로 외로움을 선택한다고 말한 적이 있다. 소외될까 봐 두려운 마음에 미리 자신을 소외시키는 수단을 선택하는 것이다. 그는 현실 세계에서 상처받을 때마다 '소외'라는 방어 기제를 사용해서 뒤로 물러나 잠시 세상과 거리를 두었다.

또 어떤 사람들은 '소외감'이 너무도 슬픈 나머지 죽고 싶은 생각이 들 정도로 자신을 고통스럽게 하고, 모든 일을 방관자적인 시선으로 바라본다. 아무리 열심히 참여해도 여전히 진심으로 몰입할 수 없어 마치 로봇처럼 경직된 상태로 다른 사람의 행동을 그대로 따라 하는 것이다.

'소외감'을 느끼는 사람들은 세상과 일정한 거리를 유지하려는 경향이 있다. 사람을 쉽게 빠져들게 하고 중독되게 하는 모든 것들은 그들에게 있어 두려움의 대상이다. 마찬가지로 그들은 장기적인 인간관계나 장기적인 프로젝트 또한 두려워한다.

자신을 소외시켰던 경험은 그들을 아주 고집스럽게 만들었다. 아무리 고통스러운 상황에 직면하더라도 뒷걸음질 쳐서 도망가기만 하면 다 괜찮아졌기 때문이다. 그러나 이 '소외' 전략은 행복마저 두려워할 정도로 그들을 더욱 나약하게 만들었다. 그들은 끊임없이 자신에게 웃지 말라고 강조한다. 그리고 내면을 향해 이렇게 읊조린다.

'태양을 본 적이 없다면 이 어둠을 견딜 수 있을 거야.'

2

어렸을 때 부모님에게 충분한 사랑과 지지를 받으면 자신이 좋아하는 일을 꾸준히 잘 해낼 수 있게 되고 긍정적인 세계관과 자신감이 가득 찬 사람으로 성장할 것이다. 또 타인의 감정에 같이 울고 웃을 수 있는 '공감 능력'에 대한 교육을 받는다면 사람들과 친밀한 관계를 맺는 데 거리낌이 없고 다른 사람들과 잘 어울릴 수 있을 것이다.

이와 반대로 무시당하고 부정당하는 환경에서 자라면 그 사람은 열등하고 나약해질 수밖에 없다. 이런 사람은 이질적인 별종으로 취급당하고, 사람과 사람 사이의 건강한 관계를 경험해 본 적이 없기 때문에 모든 것을 엉망으로 만들어 버리기 일쑤이며, 서서히 집단과 적대 관계를 형성한다. 그리고 자신을 지탱해 줄 버팀목으로 특이하고 별난 취미를 찾아 개발한다.

이들은 군중 속에 있을 때 다른 종의 생물이라 느낀다. 아무도 자신을 이해하거나, 관심을 주거나, 가까이에 서지 않으리라 생각하기에 다른 사람과 관계를 형성하려 할 때면 전신이 떨리고 어둠 속에 던져진 듯한 두려움을 느낀다.

3

나는 '소외감'을 즐기는 것을 내가 남들과 다르다는 증거로 삼았었다. 그때의 나는 밥 먹듯이 연거푸 도망 다녔다. 학교와 부모님의 구속을 피해 집에서 멀지 않은 다른 동네로 도망치기도 하고, 산 아래 위치한 고향 집으로 달려가 열흘이고 보름이고 머물곤 했다.

나는 일정 기간이 되면 장비를 리셋하듯이, 스스로 일정한 공백기를 부여해 주어야 회복이 되는 사람이다. 나에게 '고독'이란 살아가는 데 꼭 필요한 물과 공기 같아서 '고독'에 익숙해질 필요가 있다.

당시에 나는 다자이 오사무^{ださいおさむ, 太宰治}*나 쇼펜하우어^{Arthur Schopenhauer}의 책을 읽으며 온종일 인생의 의미에 대해 고민했다. 함박눈이 세상을 하얗게 덮는 날이면 산 정상에 올라 혼자만의 시간을 즐기곤 했다. 산 아래의 빌딩 숲, 지나가는 사람들, 길게 늘어선 차량의 행렬을 보면서 열심히 살아가고 있는 그들의 모습이 가소롭다고 생각했다.

"이 세상에 존재하는 모든 것은 무의미할 뿐이야. 인간은 '세계의 발전 과정'에서 발생한 의외의 존재일 뿐 그 어떤 의미도 부여할 수 없어."

훗날 나는 일부 사람들과 관계를 형성해 보려 했지만, 그 관계에서도 언제나 몇 걸음 떨어져 있었다. 다른 사람들의 방식을 따라 일을 하고, 그들이 말하는 것을 듣고 따라 말했다. 그들의 표정을 따라 비슷한 얼굴을 하고 있었지만, 내 안에는 그 어떤 희로애락도 없었다. 그 당시의 나는 솔직한 감정을 드러내는 말이

---

* **다자이 오사무(1909년~1948년):** '아름다운 쇠락'을 긍정하는 인간관을 가진 일본 쇼와 시대의 소설가이다. 자신의 인간관을 표현하는 작품을 다수 집필했으며 대표작으로 『인간 실격』이 있다.

나 표정 자체가 한없이 어색하고 불편하게 느껴졌다. 그래서 내가 표현하고 싶은 게 있으면 완곡하게 꾸미고 다듬다가 결국 다른 사람은 거의 이해할 수 없는 방식으로 표현했다.

내 생각과 표현 방식이 다른 사람들에게 이해받지 못하자 점점 '괴짜'가 되고 싶은 마음이 들었다. 시간이 흐를수록 차츰 모든 사람과 다름을 자각할 때야 비로소 안전하다고 느끼는 나를 발견하게 되었다.

나는 그 어떤 것들에게도 마음을 주지 않았다. 즉, 이 세상 어떤 것들도 거들떠볼 가치가 없다고 느낀 것이다. 온몸에서 뿜어져 나오고 있는 '허무감'이 세상이 얼마나 재미없는 곳인지를 여실히 보여주기 때문이다. 모든 소원을 들어주는 램프의 요정 '지니'가 있다고 해도 나는 그에게 요청할 것이 아무것도 없었다.

그때의 나는 늘 표정 없는 얼굴로 있거나 자조 섞인 차가운 미소를 띠고 있었다. 사람들이 허례허식과 같은 인사를 나누는 것을 듣거나 자신의 이익을 위해 다투는 것을 보고 있노라면 터져 나오는 실소를 참을 수가 없었다.

나는 아무도 깨어 있지 않은 깊은 밤을 좋아했다. 어둑한 밤거리에는 사람을 찾아보기 힘들어서 나 혼자 온 세상을 다 가진 것 같았기 때문이다. 난 길가에 걸터앉아 노래를 부르거나 호숫가에서 물고기에게 먹이를 주거나 혹은 캄캄한 산기슭에 올라 별빛을 올려다보며 멍하니 있곤 했다. 그때야 비로소 나는 혼자만의 세계에서 행복감에 젖었다.

그때 나는 이런 글귀를 적었다.

"혼자만의 삶이 강한 건 없어서는 안 될 것이 아무것도 없기 때문이다. 단 하나 필요한 게 있다면 그것은 '외로움'뿐이다."

4

나는 어차피 고독하게 늙어갈 테니 산 아래 고향 집에 가서 혼자 조용히 일생을 보내야겠다는 생각을 수도 없이 했었다. 그러다 결국 내면의 정신세계가 무너지는 지경에 이르렀다. 이번에는 자신을 소외시키는 방식으로도 나아질 기미가 보이지 않았다. 결국 이 현실 세계에서 나는 살아서 도망칠 곳이 없다는 생각이 들었다.

그런데 뜻밖에도 현실이 절벽 끝으로 몰아넣은 상황 속에서 성장하기 시작했다. 현실의 고통이 많아질수록 나의 성장은 빨라졌다. 마치 소설 속 기이한 인연을 만나 환골탈태한 주인공처럼 불과 2년이 채 안 되는 사이에 나는 완전히 달라져 성숙하고 안정된 정서를 가진 사람이 되었다.

그 성장기 동안 나는 다른 사람을 도우며 자신을 분석함으로써 안정적인 사고방식을 형성할 수 있었고, 이를 통해 시시각각 마주하게 되는 많은 문제에 유연하게 대처할 수 있었다. 나는 한 번에 많은 일에 직면했을 때 신속하게 자신을 진정시키고 긍정적인 태도로 문제를 처리할 수 있는 감정처리 능력을 갖추게 되었다.

또 다양한 사람들의 문제를 보고 처리하면서 '인간성'에 대해 깊게 이해하게 되었다. 많은 이들의 삶을 기억함으로써 인간과 삶에 대한 하늘의 뜻을 이해할 수 있다는 '지천명'과 같은 직관력과 통찰력을 갖추게 되었던 것이다.

나는 공허함으로 결핍되었던 과거의 나에게 보상이라도 하듯 많은 사람을 만나고, 많은 곳을 구경하고, 더 많은 일을 했다. 친구 집에 놀러 가서 그들과 함께 게임을 할 때 나는 '진실한 삶'의 향취를 느꼈다. 그 느낌이 너무 좋았다.

삶에 대한 성숙한 자세로 다시 세상에 참여하면 자신이 생각했던 것보다 훨씬 순조롭게 일을 처리할 수 있다. 순조로운 일 처리는 순조로운 인간관계로 이어지고, 이는 긍정적인 순환의 고리가 되어 긍정적 피드백을 받을 수 있게 된다.

5

'문제 될 만한 것은 아무것도 없다'는 나의 정신적 안정감이 새로운 문제를 야기했다. 모든 문제에 대한 정답을 알고 이를 실천할 수 있게 되자 난 마치 진정한 자아를 잃어버린 것 같은 느낌이 들었다. 강해져 버린 내가 나 자신에게 '두려울 게 없다'고 말하는 동시에 또 다른 '소외감'을 알려주었다. 그래서 나는 부정적인 감정을 포함한 모든 나의 감정을 소중히 여기기 시작했다.

나는 어떤 일에도 눈물을 흘리지 않는 냉혈한이었다. '허무'를 신조로 삼고 살아온 나에게 감상적인 눈물은 치욕이었기 때문이다. 그러나 지금의 나는 나의 감정을 소중히 여긴다. 마음이 아파 눈물이 나올 것 같을 때는 펑펑 울어 감정이 표출될 수 있도록 굉장히 노력한다.

복잡한 이 세상을 더 깊이 이해할 수 있는 사람은 오히려 단순하고 솔직하게 변한다. 이 복잡한 세상을 이해하는 현자는 다른 사람들에게 순수하고 솔직한 자기 본연의 모습을 내보이는 것이 더 이상 두렵지 않기 때문이다. 그들은 타인의 어떤 시선에도 겁내지 않는다.

'소외감'이 가득한 이 세상에서 나는 당신이 원하는 삶을 열심히 살아나가길 바란다. 타인의 이해를 구하기 위해 노력하지 말고, 이해받지 못함을 두려워하지 말고, 고통을 두려워하지 말았으면 한다. 먼 훗날에는 그 고통까지도 소중히 여길 날이 올 테니 말이다.

Part 2

머릿속의 불행 회로를 멈춰야 해

'주인공'으로 사는 아이들은 '나르시시즘'에 빠지기 쉽다. 그들은 자신을 무엇이든 다 할 수 있는 완벽한 사람이라 생각하며 자란다. 이 세상 모든 것들이 자신을 위해 존재한다. 울면 달래주는 사람이 있고, 배고프면 먹을 것을 가져다주는 사람이 있다. 제멋대로 굴고 세상이 다 자기를 중심으로 돌아가야 한다.

이와 반대로 '조연'으로 사는 아이들이 있다. 그들은 온종일 자신의 생존에 대해 걱정한다. 자신이 의지해야 할 사람에게 모든 주의를 기울이고 눈치를 살핀다. 언제라도 '버려지는' 위험에 처할 수 있다고 생각하기 때문에 끊임없이 다른 사람의 비위를 맞추고 만족시키려 한다.

회피형 인격은
어떻게 만들어진 것일까?

1

'회피형 인격'이란 무엇인가? 당신이 아기였을 때 배가 고프거나, 오줌을 누거나, 무언가 무서워서 우는데 당신의 부모님이 노발대발하며 화를 내고 있다고 한번 상상해 보자. 당신의 부모님은 당신이 그들에게 귀찮게만 하고, 그들의 삶을 엉망진창으로 만들었다고 원망한다. 그들에게는 인내심을 갖고 당신을 잘 보살펴 줄 여력이 없어서 때에 맞춰 젖을 먹이고, 기저귀를 갈아 주고, 두려운 당신의 마음을 어루만져 줄 수가 없다.

당신이 조금 자라면 그들은 항상 이런 말을 할 것이다.

"우린 너를 위해 헌신했어. 너를 위해 해준 게 너무 많아."

"너만 아니었으면 우리는 훨씬 잘 살았을 거야."

"너 때문에 살았지. 너만 없었으면 우리는 벌써 이혼했을 거야."

당신이 필요한 게 있을 때 그들은 항상 단호하게 거절한다.

"우리가 너한테 그렇게 많은 것을 갖다 바쳤는데, 너는 아직도 바라는 게 있어?"

그들은 당신의 감정을 무시하고, 요구를 무시한다. 이 무시의 배경에 깔린 의미는 '너는 그럴 만한 가치가 없다'이다.

당신이 학교에서 다른 친구와 다투게 되면 잘못이 누구에게 있는지와는 관계없이 당신을 나무랄 것이다. 당신이 다른 사람들에게 민폐를 끼쳤기 때문이다.

당신이 불공평한 일을 겪어 분노를 느낄 때면, 그들은 당신의 분노에 더 격분하여 화를 낸다.

"그게 화낼 일이야? 참을 줄도 알아야지, 매번 어떻게 네 비위에 맞추니?"

그렇게 당신의 분노는 부모의 분노에 짓눌려 버렸다.

이런 당신은 부모에게서 충분한 사랑을 경험하지 못했고, 다른 사람들에게서 이해와 선의를 받아보지도 못했다. 당신의 마음속의 세상은 너무 위험한 곳이다. 이 세상은 당신을 도울 사람도 당신이 의지할 사람도 없는 곳이다. 심지어 당신은 자신이 아무리 노력해도 소용없다는 것을 느낄 것이다. 당신이 아무리 요구해도 소용없고, 도움을 청해도 소용없고, 아무리 감정을 표현해도 소용없다는 것을 충분히 경험해 왔다.

당신은 이 세상이 무섭고 위험천만한 곳이기에 아무리 발버둥쳐도 조금도 변하지 않으리라 생각한다. 이 상황에서 당신이 할 수 있는 유일한 한 가지가 있다. 바로 회피하는 것이다. 그래서 당신은 마음의 문을 꼭꼭 걸어 잠그고 외부의 모든 것에 대해 회의적이고 심지어 적대적인 마음을 품게 된다.

2

당신은 스스로가 가치가 없는 사람이라고 폄하한다. 그래서 아무것도 가질 자격이 없다고 여기기 때문에 자신의 모든 욕구를 억누르기 시작한다.

매번 한 가지 물건을 원할 때마다, 한 가지 일을 이뤄내려고 할 때마다, 누군가를 좋아할 때마다 번번이 이내 물러서고 만다.

이런 과정에서 자기 부정을 일삼고 심지어는 자기 부정을 넘어서 자신을 공격하기도 한다. 당신은 자신의 욕구를 인정하지 않고 적대시한다. 당신에게 있어 무엇인가를 원한다는 생각은 매우 수치스러운 것이다. 그래서 설령 너무나 간절히 원하는 것이 눈앞에 있어도 감히 손을 뻗어 잡지 못한다. 겁쟁이는 행복도 무서워한다는 말처럼 말이다.

또한 당신은 자신의 모든 감정을 억누르기 시작한다. 감정은 당신에게 아무런 힘을 발휘하지 못하기 때문이다. 희로애락 따위는 관심 밖으로 멀어진 지 오래다.

그렇게 당신은 당신 자신과 타인의 감정에 대해 무감각해지며 다른 사람을 이해할 수 없게 된다. 더 나아가 자신의 마음을 전혀 읽을 수 없게 되며, 공감 능력은 현저히 떨어지게 된다. 자신을 대할 때마저 제3자가 되어 방관자적인 시선으로 바라본다. 그래서 어떤 감정이 생겼을 때 무의식적으로 그 감정을 억누르게 된다. 그러나 이렇게 억압된 정서는 당신에게 냉소적이고 부정적인 에너지를 불어 넣어 삶에 적극적으로 참여하는 것을 가로막는다.

3

시간이 흐를수록 당신은 더 고독해지는데, 심해지면 이 고독한 상태를 정상적인 것으로 간주하게 된다. 다른 사람과 외부 세계에 대해 무관심해지고, 오로지 자신의 작은 울타리 속 세상만을 전부라고 여긴다. 다른 사람과 함께 하는 것이라면 협력도 싫고 경쟁도 싫다. 더구나 다른 사람과 시비를 가리며 다투는 것을 경멸한다. 그리고는 자신을 그저 독특한 사람이라고 생각한다.

당신은 점점 더 현실 세계와 멀어지며 극소수의 사람들만 심취해 있는 것들에 정신적으로 의지하기 시작한다. 예를 들면 범접하기 어려운 취미 생활이나 심오하고 난해한 학문 등에 집중한다. 그러나 이런 것들은 당신을 바람직한 방향으로 변화시킬 수 없다. 당신이 현실의 환경 속에 있는 한 언제든지 당신은 현실 세계로 다시 끌려가 시련과 마주하는 상황이 반복될 것이다. 거듭된 시련에 당신은 자신을 더욱 철저히 부정하게 되고, 정신이 혼미해질 정도로 가차 없이 스스로 다그칠 것이다.

넘어져 쓰러진 후에 다시 일어설 수 있다면, 인간관계를 많이 경험해 보기 위해 여러 가지 방법을 시도해 볼 수 있다. 그러나 당신에게는 이 모든 것이 너무 어렵다. 그저 다른 사람의 표정과 행동을 본떠서 설정된 감정을 표현하고, 표정을 지을 수밖에 없다. 이 과정이 순조롭게 흘러간다고 하더라도 당신은 평범한 친구들과 평범한 관계를 유지하는 간단한 능력만 보유할 수 있다. 사람과 사람 사이의 정상적인 친밀 관계를 경험해 본 적이 없으므로 한 걸음 다가서려 할 때마다 금방 복잡한 문제가 생겨 상대방에게 불편함을 줄 수 있다.

4

사람은 완벽하지 않아도 친숙한 선택지를 가장 안전한 것으로 여긴다. 그래서 당신은 사랑을 선택할 때 아마도 부모와 비슷한 사람을 대상으로 찾을 것이다. 비록 상대방이 완벽하지 않더라도 당신에게는 가장 익숙해서 잘 맞는다고 생각하기 때문이다.

이 관계에서 당신은 끊임없이 상처를 받지만 자신의 온몸이 상처투성이가 되어서도 관계를 끊어내기 어렵다. 가장 경계해야 할 것은 당신이 상대방이 하는 모든 일에는 합당한 이유가 있고, 언제나 자신이 먼저 잘못했다고 생각하는 것이다. 당신은 자신의 감정이 정확히 무엇인지 알고 있지만, 분명하게 표현할 줄 모른다.

"당신을 좋아해요."

"보고 싶어요."

"난 당신이 마음에 들어요."

이런 친밀한 관계에서 주고받는 가장 일반적인 감정 표현조차 당신은 한없이 수치스럽게 느낀다. 심지어 멜로영화 속 남녀 주인공의 포옹이나 입맞춤을 보면 당신은 도망치고 싶은 충동을 느낄 것이다. 당신은 상대방에게 이런 비난과 불평을 받을 수 있다.

"왜 이렇게 차갑게 굴어?"
"네 마음은 돌로 만들어진 것 같아."
"난 우리 사이가 항상 너무 멀게만 느껴져."

당신 역시 이 모든 것을 즐기고 싶지만, 친밀한 관계에서조차 긴장감을 늦출 수가 없다. 친구 사이에 다정하게 이야기하며 즐겁게 크게 소리 내어 웃고, 연인 사이에 따뜻하게 안아주고 키스하는 것은 당신에게는 아득히 먼 이야기이다. 타인은 지옥인 것처럼, 신기루 같은 허황된 아름다움에 끌릴수록 고통은 더 심해진다.

당신은 인간관계에서 일어나는 마찰에 유난히 민감하기 때문에 타인의 단편적인 비난도 자신의 모든 것이 문제인 것처럼 심각하게 받아들일 수 있다. 그래서 비난에 직면하면 극심한 스트레스 상태에 빠진다. 당신은 마음속에 안정감이 없어서 국지적인 공격을 받아도 이를 전면전으로 확대해석하여 사력을 다해 자신을 보호하고 신속하게 도망치려 한다.

아무런 도움을 받지 못했던 어린 시절의 경험은 이미 성장해서 강건해진 당신을 그 끔찍했던 과거로 다시 끌고 간다. 머릿속이 하얘지며 마치 드넓은 초원에 홀로 있는 사슴이 된 것처럼 두려움에 떠는 것이다. 당신은 관계를 항아리 깨듯 부수고 망쳐버린 뒤 자신에게 말한다.

"난 처음부터 외로울 운명으로 태어난 거야."

이는 너무나 열등하고 교만하기 짝이 없는 생각이다.

소위 친밀한 관계는 보통 사람에게는 평범하기 그지없는 일상의 한 부분에 지나지 않지만, '밑 빠진 독에 물 붓기'처럼 당신에게는 영원히 해낼 수 없는 난제 중의 하나이다. 당신은 세상의 불합리함에 분개하고 증오하며, 사람에 대해 냉소적인 태도를 보이며 마음속에는 의심과 적개심으로 가득 차 있다. 또 너무 예민해서 타인과 어울리기 힘들다. 군중 속에 있을 때 당신은 괴물이고 별종이다.

5

당신이 틀렸다거나 잘못했다는 것은 아니다. 다른 누구라도 당신보다 잘 해낼 수는 없을 것이다. 이런 삶을 살아가면서도 미래를 믿고 변화를 시도한다는 것 자체가 대단한 일이다. 환경이 잘못 조성된 것일 뿐인데 만약 그것이 당신을 이대로 끌고 가도록 방치한다면 결국 당신도 부조리한 환경 중 하나가 될 뿐이다. 그리고 이와 같은 성격적 결함을 계속 가지고 간다면 잘못된 관계는 반복될 것이고, 당신이 겪었던 끔찍했던 삶의 경험은 다음 세대로 이어져 되풀이될 것이다. 당신 역시 당신이 혐오하는 것들이 지속 존재할 수 있도록 힘을 실어주는 지원군이 될 수 있다.

자신이 왜 이렇게 되었는지 그 원인을 알게 되면 당신은 자신을 용서하고 아끼기 시작할 것이다. 사람은 살아가는 동안 끊임없이 배우고 성장해야 한다. 그래야 자신을 객관적인 시선으로 똑바로 볼 수 있다. 다른 사람을 도우면 자신의 가치를 깨닫고 적극적으로 참여할 의지를 얻게 된다. 더 많은 사람을 만나야 사람에 대한 공포심을 극복할 수 있다. 사람 사이의 경험을 더 많이 쌓아야 건강한 관계를 형성할 수 있다. 그리고 이런 것들이 익숙해지면 직면하는 모든 상황을 대범하게 받아들이게 된다.

용감하게 좋아한다고 고백해도 더 이상 수치심을 느끼지 않을 것이고, 어떠한 공격에도 상대가 누구이건 관계없이 더 이상 도망치지 않고 정면으로 마주하여 반격할 것이다.

당신은 앞으로 진정한 관계를 맺게 될 것이다. 어쩌면 그것은 당신이 상상하는 것만큼 완벽하지 않을지도 모른다. 그러나 마침내 느긋하고 편안한 관계야말로 가장 소중한 관계라는 것을 알게 될 것이다.

당신은 지옥에서 한 걸음 한 걸음 스스로 걸어 나왔다. 그래서 보통 사람들보다 이 모든 것들을 더 소중히 여기게 될 것이다.

당신은 더 이상 냉소적이지 않고 세상에 대해 많은 기대를 품고 자신 있게 마주할 수 있다.

당신은 더 이상 냉담한 방관자가 아니다. 다른 사람을 더 많이 이해할 수 있고 그들이 느끼는 것들을 공감할 수 있게 되었다.

당신을 괴롭혀오던 고통을 받아들임으로써 그 고통이 온화한 마음으로 승화되었다. 이 부드럽고 따뜻한 감촉이 느껴지는가? 만약 당신이 아픈 과거를 가지고 있다면 왼손은 오른쪽 어깨에, 오른손은 왼쪽 어깨에 살포시 얹고 나를 대신해 당신을 안아주길 바란다.

남의 비위나 맞추던 인생에서
벗어나려면

1

타인의 비위를 맞추는 문제에 대해 그동안 많은 사람과 열띤 토론을 해왔다.

한 친구가 부모님의 권유로 친척의 회사에 취직했다. 그 친구는 그 회사에서 고통스러운 나날을 보냈다. 극심한 스트레스와 이유 없는 비난, 고된 업무로 곧 무너지기 일보 직전인 상태였지만 가까스로 버텨가며 회사의 요구를 만족시키기 위해 노력했다.

"회사를 그만두거나 현 상황과 관련해 네 생각을 부모님과 얘기해보는 것이 어때?"

"절대 안 돼. 난 부모님을 실망시킬 수도 없고, 귀찮게 해드리는 것은 더욱 안 될 일이야."

또 다른 경우로 항상 다른 사람의 부탁을 거절할 수 없다고 하는 친구도 있었다. 한 번은 동료가 근무 순번을 조정해 달라는 부탁을 해왔는데, 근무 당일 예정된 계획이 있었는데도 동료의 기분을 상하게 하고 싶지 않아 이를 승낙하였다고 한다. 그 후 거절하지 못한 자신을 원망하고 후회했으나 다음번에 똑같은 상황이 다시 벌어진다고 해도 여전히 거절할 수 없음을 그 자신은 잘 알고 있다.

"괜찮아. 어쨌든 나한테 큰일이 벌어진 것도 아닌데 뭘."

그는 거절하지 못한 자신의 행동을 무의식적으로 합리화한다. 앞서 들은 친구들의 예처럼 나에게 상담을 의뢰하는 사람들에게도 이런 사례가 많다. 그들 대부분은 이렇게 말한다.

"저도 제가 다른 사람 눈치나 보고 비위를 맞추는 성격의 소유자라는 것을 잘 알고 있어요."

그들은 왜 자신이 남들 비위나 맞추는 성격이라는 것을 뻔히 알면서도 바꾸지 못하는 것일까?

2

인터넷에는 타인의 비위를 맞추는 데 급급한 성격에 관한 글들이 많이 있다. 이런 글들은 위에서 언급한 사례와 같이 거절을 잘 못하고, 자진해서 다른 사람의 비위를 맞추는 등의 전형적인 특징들을 열거한다. 그리고 많은 사람이 자신이 바로 이런 부류에 속한다는 것을 느끼며, 스스로 '비위 맞추는 인격 유형'이라는 꼬리표를 붙인다.

> "왜 나는 어떻게 해야 할지 뻔히 알면서도 단 한 번도 남의 부탁을 거절하지 못할까?"

나는 당신에게 당신의 선택을 결정하는 주체는 지식이나 도리가 아니라 바로 '경험'이라는 것을 말해 주고 싶다.

영화 〈기약 없는 만남〉*에 나오는 인상 깊은 대사가 있다.

---

* **〈기약 없는 만남〉**: 2014년 상영된 중국의 청춘 로드무비. 이별의 소식을 전하는 세 젊은이의 대륙횡단 여정을 배경으로 주인공들의 각기 다른 삶을 담고 있다.

"어렸을 때부터 세상을 살아가는 많은 진리와 이치에 대해 들어왔어. 그래도 난 여전히 내 삶을 잘 살아내지 못하고 있어."

설령 당신이 세상의 이치를 잘 이해하고 많은 지식을 겸비하고 있다 하더라도 그런 것들이 당신을 변화시킬 수는 없다. 그것들은 당신이 직접 경험한 것이 아니기 때문에 당신의 일부가 되기 어렵다.

"알면서도 똑같은 실수를 계속 반복할 수밖에 없다면 영원히 바꿀 수 없다는 것인가요? 그렇다면 이런 지식과 이치를 배우는 게 다 무슨 소용이 있나요?"

이런 질문을 할 수도 있다.

사실 지식과 이치가 우리의 삶에 직접적인 영향을 주기는 어렵다. 그러나 우리 자신과 세상을 바라보는 시야를 넓혀줄 수는 있다.

예를 들어 어떤 문제를 해결해야 하는 상황에 처하면 많은 사람이 '문제를 식별했으니 이제 해결할 방법을 찾으면 되겠다.'고 생각한다. 그런데 문제 해결에 성공하지 못하면 이 방법이 틀린 것이고, 이 문제는 해결하기 어렵다는 결론에 도달한다.

그렇다면 관점을 바꿔 다시 생각해 보자.

"왜 이 문제는 해결 방법이 없는 걸까?"
"왜 우리는 남들 비위를 맞추는 성격을 바꿀 수 없는 걸까?"

이유는 명백하다. 당신 스스로 변화하기를 원치 않기 때문이다.

사람들은 선택하기 어려운 상황이면 동전 던지기를 통해 동전의 양면에 선택권을 넘기려는 경향이 있다. 그런데 동전을 던질 때 이미 마음속에 답을 정해둔다는 말이 있다.

그렇다. 동전의 앞면이 나오든 뒷면이 나오든, 당신은 자기 내면의 생각에 따라 선택을 하게 된다. 이렇듯 앞서 언급한 일들에 직면했을 때 당신은 이미 비위를 맞추는 성격의 사람이 되는 것을 선택한 뒤다.

"농담하는 것도 아니고, 남들 비위 맞추며 사는 것에 내가 얼마나 넌더리가 나는데 내가 자발적으로 선택한 거라니요!"

분명 이런 반응을 보이는 사람도 있을 것이다. 불쾌했다면 미안하지만, 이는 변하지 않는 사실이다. 그리고 나는 다시 한번 강조하고 싶다.

"당신의 선택을 결정하는 것은 지식이나 이치가 아니라 당신이 살면서 겪어온 경험이다."

당신 개인의 주관적인 취향은 결단코 당신의 선택을 완전히 결정할 수 없다는 것을 반드시 기억하길 바란다. 당신은 당신 자신이기에 객관적인 시선으로 온전히 자신을 바라볼 수 없다.

다른 예를 들어보겠다. 어느 날 누군가 당신에게 도움을 요청하면 상당히 난처하지만 그래도 요청을 받아들이고 상대방을 위해 그 일을 끝마쳐준다. 일을 끝낸 후 당신은 힘들어하는 자신에게 위로를 한답시고 이렇게 말한다.

'괜찮아. 그래도 예의는 지켰잖아. 서로 돕고 사는 거지. 내가 다른 사람을 도와주면 언젠가 다른 사람도 나를 도와줄 거야.'

여기서 무엇을 놓쳤는지 보이는가? 그렇다. 당신은 스스로 타인의 인정을 구하기 위해 비위를 맞춘 자신의 행위를 합리화했다.

당신이 자신에게 설명할 때, '설명'이라는 행위가 당신의 경험이 억지로 끼워 맞춘 선택이라는 것을 깨닫지 못할 것이다. 오히려 자신의 주체적이고 능동적인 선택이라 여길 수도 있다.

왜 그럴까? 다음의 두 가지 사례를 통해 비위를 맞추는 인격 형성의 근원이 어디에서 기인한 것인지 살펴보겠다.

3

한 어린 여자아이가 친척 집에서 자라게 되었다. 부모님이 보고 싶은 마음에 그녀는 항상 울기 일쑤였다. 그러나 친척들은 그녀가 우는 것을 싫어해서 울면 매를 들고 때렸기에, 더 심하게 우는 상황이 반복되었다.

결국 그녀는 울어도 소용이 없다는 것을 알게 된 후부터 더 이상 울지 않기로 했다. 그녀는 어린 나이에 철이 들었고, 친척들의 요구에 좀처럼 거절하고 반항하는 법이 없었다.

그녀가 다시는 울지 않겠다고 결심한 날 깨달은 것이 또 있었다. 그녀 곁에는 안전한 곳이 하나도 없고, 자신을 위로해 줄 사람 또한 한 명도 없으며, 조건 없이 자신을 사랑해 주는 사람도 없기에 우는 것도 소용없고, 자신이 원하는 대로 살 자격이 없다는 것이었다.

그녀의 마음속에는 치유할 수 없는 상처가 생겼고, 이 상처로 인해 타인을 믿지 못하는 강력한 불신과 불안이 가슴에 자리 잡았다. 이 불안감은 그녀에게 자신이 주변 사람을 만족시킬 때야 비로소 안전할 수 있다는 메시지를 주었다.

"난 그들이 필요해. 그러니까 난 그들에게 순종해야 해. 안 그러면 난 천애 고아로 버림받아 고생만 하다 굶어 죽을 수도 있어."

그녀는 독립할 때까지도 주위 사람들을 만족시키지 못할까 두려웠다. 매번 다른 사람의 요구에 직면할 때마다 그녀의 마음속에는 한없이 초조하고 두려운 목소리가 들려왔다.

'절대 거절하지 마. 그랬다간 곤란해질지도 몰라.'

이 한마디에 그녀는 힘없는 어린 소녀로 돌아갔다. 잠재의식 속에서 이것을 매우 중요한 일이라 여기게 되었고, 이를 거절한 결과를 자신이 결코 감당할 수 없을 것만 같았다.

4

이번에는 한 어린 소년의 이야기를 살펴보자. 몇 명의 고학년 아이들이 어린 소년을 벽에 밀치고 주먹질하며 괴롭히고 있다. 얻어맞는 소년은 너무 무서워서 구석에 몸을 웅크리고 앉아서 자신을 꼭 끌어안았다. 소년은 자신보다 덩치가 큰 그 아이들을 이길 수 없다는 것을 알기에 감히 반격하지 못한다. 그저 자신을 끌어안는 것 외에는 할 수 있는 게 아무것도 없었다. 결국 소년은 큰 소리로 울기 시작했다. 소년을 때리던 고학년 학생들은 그가 우는 소리에 누군가 쫓아와 이들을 발견하면 일이 커질까 두려워 황급히 자리를 떠났다.

소년은 성장한 후 자신을 더욱 강하게 단련하고자 노력했다. 하지만 아무리 좋은 성적을 거두어도 그의 마음속 깊은 곳에 열등감이 자리 잡고 있었고, 조금이라도 경쟁을 해야 하는 상황에 직면하면 스스로 물러나는 경우가 많았다.

감정에 관련된 문제에 마주할 때면 그는 거절당할까 두려워 시작하지 못했다. 그는 객관적으로도, 또 자기 자신이 보기에도 이미 충분히 건장한 청년이 되었지만, 그의 마음속에는 여전히 상급생에게 괴롭힘당하는 그 어린아이가 살고 있었다.

일단 그가 선택의 상황이나 공격을 받는 상황에 놓이면 어느 순간 반항조차 하지 못했던 그 아이가 튀어나와 그를 다시 불안에 떨게 했다. 현실에 대항할 방법이 전혀 없다고 느끼게 하고, 실패의 결과조차 감당할 수 없다고 느끼게 하였다.

5

'주인공'으로 사는 아이들은 '나르시시즘'에 빠지기 쉽다. 그들은 자신을 '무엇이든 다 할 수 있는 완벽한 사람'이라 생각하며 자란다. 이 세상 모든 것들이 자신을 위해 존재한다. 울면 달래주는 사람이 있고, 배고프면 먹을 것을 가져다주는 사람이 있다. 제멋대로 굴고 세상이 다 자기 중심으로 돌아가야 한다.

이와 반대로 '조연'으로 사는 아이들이 있다. 그들은 온종일 자신의 생존에 대해 걱정한다. 자신이 의지해야 할 사람에게 모든 주의를 기울이고 눈치를 살핀다. 언제라도 '버려지는' 위험에 처할 수 있다고 생각하기 때문에 끊임없이 다른 사람의 비위를 맞추고 만족시키려 한다.

어린 시절부터 자신의 삶에 '조연'으로 살아온 사람은 자신의 연약함과 무기력함에 시시각각 두려움을 느낀다. 그들은 어려서 얻어맞을 때 큰 소리로 울어댔던 것처럼 스스로 약한 모습을 보이는 데 익숙하며, 상대방을 찬양하고 자신을 비하하는 데 익숙하다. 언제나 자진해서 물러나고 충돌을 회피한다. 비위를 맞추는 사람이 문제를 보지 못하는 것은 불안, 괴로움 등의 부정적인 감정 속에 오랫동안 갇혀 있었기 때문이다. 부정적 감정 안에서 일종의 강박적인 동력이 형성되어 비슷한 상황에 직면하면 그에 상응하는 반응이나 감정이 표출되도록 강요한다.

비록 타인의 무리한 요구가 불쾌해도 거절이냐 수락이냐의 선택의 순간이 오면 무의식적으로 극도의 스트레스 상태에 빠지며 마음속 작은 아이가 깨어난다. 그 아이는 다시 초조함을 조성해 상대방을 거절한 대가를 책임질 수 없을 것 같은 느낌을 준다. 그러면 결국 상대방의 비위를 맞춰 상대방이 원하는 선택을 하고 만다.

이 과정에서 상대방에 대한 자신의 적개심은 억눌리고, 이 적개심은 다시 불안으로 바뀐다. 그리고 이 불안감은 자신의 몸속에 계속 남아 내면을 갉아먹는다. 그러니 반드시 그것들을 밖으로 빼낼 수 있는 출구를 찾아야 한다. 당신을 갉아먹는 그 부정적 감정들은 이유 없이 무언가를 싫어한다거나, 공황이나 공포증이 생기거나, 연속해서 가위에 눌리는 것 같은 등의 증상으로 외부 세계에 투사된다. 또 다른 방향으로는 자기혐오로 변질되거나, '합리화' 방식으로 해결된다.

일반적으로 타인의 비위를 맞추며 사는 사람들은 대부분 사심이 없고, 희생정신이 강한 편이다. 생활 속에 드러나는 그들의 너그러움과 관대함은 모두 진실이지만, 그 시작점이 자신을 '합리화'하고, 위험한 상황에 노출되지 않기 위해 충돌을 회피하며, 인정 욕구를 충족시키기 위함이라는 데에 문제가 있다.

타인의 비위를 맞추고자 하는 인격이 우리를 통제할 때 우리는 깨어 있는 정신으로 자신을 똑똑히 보고 일깨워줘야 한다.

"지금 내 안의 상처받은 아이가 내 감정을 통제하고 있어, 사실 내가 상상하는 것처럼 결과가 처참하지 않을 거야. 그리고 내가 정말 감당 못할 정도인지를 객관적으로 잘 따져봐야 해."

초조함 때문에 결국 타인이 원하는 선택을 했다면 자신에게 분명히 말해야 한다.

"괜찮아. 오랜 시간 동안 형성된 습관의 영향에서 벗어나는 게 하루아침에 되는 것은 아니니까. 시간이 필요할 뿐이야."

나는 그런 사례를 충분히 많이 보았고, 분명 모든 것이 점점 좋아질 것이다. 지금은 그것을 마주할 충분한 힘이 비축되기 전이라 받아들일 뿐이지, 이전처럼 자신을 속이거나 회피하는 것이 아니기 때문이다.

다른 한편으로 우리는 '자기 합리화'에서 벗어나는 법을 배워야 한다. '열등감'과 '자신은 조연'이라는 생각 때문에 스스로 희생하고 타인을 만족시키는 게임에 빠져선 안 된다. 다른 사람들의 필요에 따라 자신을 부속품으로 만들지 말아야 한다.

6

많은 문제가 '강박적 반복'과 '합리화'의 조합에서 비롯된다. 이렇게 야기된 문제들은 우리 손으로 우리 자신의 삶을 사슬로 꽁꽁 묶어 두게 만든다. 타인의 비위를 맞추는 사람은 반드시 이성적으로 이 행위가 자신의 '덧없고 헛된 미화 과정'을 거쳤음을 인식해야 한다. 다른 사람을 해칠 수 있을 만큼의 힘이 있다고 해서 반드시 남을 해치는 것은 아니지만, 자신을 보호할 능력이 없다는 것은 누구라도 당신을 해칠 수 있다는 것을 의미한다.

남의 비위를 맞추는 성격을 바꾸기 위해서는 다음의 몇 가지 사항을 시도해야 한다.

1:1로 겨룰 수 있는 단순하면서 조금은 난폭한 운동을 배워라

예를 들어 스파링이 가능한 격투기 같은 운동을 추천한다. 보호구를 잘 챙겨 입고 상대방과 옥타곤 octagon 철망 안에 들어가 약

113

육강식의 생사가 달린 싸움의 처지에 놓이면 당신은 두려워서 감히 주먹을 휘두르지 못하고 주저하게 될 것이다. 또 상대방의 주먹이 당신의 얼굴을 강타하려 하면 눈을 감고 도망치려 할 것이다. 그러나 반복될수록 당신의 아드레날린은 솟구칠 것이고 심장은 미친 듯이 뛸 것이다. 머지않아 당신은 부들부들 떨며 반격을 시작할 것이다.

마침내 당신이 상대방의 얼굴에 주먹을 날리고, 경기 후 상대방과 인사의 펀치를 주고받는 느낌을 경험하면 많은 일들이 달라질 것이다. 더 이상 다른 사람에게 미움받는 일은 자처하지 않을 것이다. 모든 사람의 안전 구역은 당신의 상상보다 훨씬 크다. 이러한 직관적인 느낌은 '노출요법Exposure therapy'**과 비슷한 효과를 얻을 수 있어 당신이 변화하는 데 큰 도움이 될 것이다.

자각 능력 회복하기

타인의 비위를 맞추기 위해 노력하는 사람은 흔히 다른 사람을 관찰하는 과정에서 마음의 문을 걸어 잠그게 된다. 그들은 자신의 취향과 조건이 '민폐'라고 생각하기 때문에 남들에게 폐를

** **노출요법**: 불안장애를 치료하기 위하여 사용하는 행동 치료로 어떤 위험도 없는 상태에서 불안의 근원인 대상이나 환경에 노출시켜 환자의 불안이나 고통을 없애는 요법이다.

끼치지 않기 위해 점차 자신을 숨기다가 무감각해져 세상과 자아에 대한 모든 감각을 잃게 된다. 그래서 여기서 해야 할 일 중에 가장 중요한 핵심은 모든 집중력을 자기 자신에게로 맞추는 것이다. 그러기 위해서는 다른 사람과의 교류를 잠시 멈춰도 좋다. 미각을 잃었던 사람이 다시 음식을 맛보기 시작하면 쓰고, 달고, 새콤한 맛을 제대로 느끼듯이 자신의 현재 감정을 인식하고, 자신의 취미를 발견하는 등 기초적인 신체 감각부터 되살려 전체로 범위를 넓혀 나가야 한다.

안정감 다시 채우기

인간관계에서 받은 상처는 악순환을 만든다. 나쁜 경험은 그릇된 인식을 형성하고, 그릇된 인식은 다시 현실 세계에 불행을 초래한다. 그리고 이 불행은 또다시 그릇된 인식에 대한 근거를 제공한다.

이른바 안정감을 다시 채우기 위해서는 새로운 경험으로 과거의 좋지 않은 경험을 덮어야 한다. 덮어 가림으로써 낡은 사고방식을 전환하는 것이다. 우리는 항상 '관계' 내지 '사랑'에 대한 일종의 허황된 오해를 하고 있다. 사랑이 부족한 사람이 변화하려면 타인의 조건 없는 순도 100%의 사랑을 받아야만 비로소 그 마음이 빈틈을 채워 회복할 수 있다고 생각한다.

그러나 사실은 한 사람이 진정한 안정감을 채우기 위해서는 먼저 아름다운 사랑에 대한 환상을 버려야 한다. 그런 다음 자아, 생활, 인간관계 등 여러 방면에서 생각하고 사고를 훈련하여 다각도, 다차원적으로 장악해 나가야 한다.

안정감은 마치 퇴적층처럼 겹겹이 쌓이며 채워진다. 자신의 올바른 세계관과 자신의 이상, 자신의 절친한 친구와의 관계, 사회적 지지 등 이런 것들이 겹쳐지면 난공불락의 요새가 되어 좌절하는 상황에서도 안정감을 잃지 않는다. 이런 안정감은 허황된 사랑보다 훨씬 견고하다.

나 역시 타인의 비위를 맞추던 사람 중 하나로서 외부의 도움 없이 스스로 자신의 스승이 되어 끊임없이 배우고 성장했다. 그리고 어수선한 인생을 깔끔하게 정리하는 즐거움을 느낄 수 있었다.

사회불안 장애는
미지의 두려움에서 시작된다

1

사회불안 장애를 극복하는 것은 매우 신나는 일이다.

어떤 행사에 참여한 적이 있었는데 내가 발표할 차례가 되자 머릿속이 텅 비어버리고, 손바닥은 땀으로 흥건해졌으며, 얼굴이 불에 덴 것처럼 화끈거려 난처했던 적이 있었다.

문득 내 귓가에 이런 소리가 들렸다.

'이제부터는 어떤 상황에 맞닥뜨릴지라도 이렇게 당황해서 덜덜 떠는 상태에 빠질 수는 없어.'

이 소리가 들린 후 얼마 지나지 않아 주변의 모든 것들이 나와는 상관없는 듯이 보였다. 불안한 나의 상태를 거의 자각할 수 없을 정도로 순식간에 긴장을 풀고 미소를 지은 채 남은 발표를 순조롭게 마쳤다.

그 후 나는 여러 도시를 순회하며 발길이 머문 도시마다 새로운 사람들을 많이 만났다. 비록 사람들과 어울리기에는 아직 서툴고 어색했지만, 낯선 이들과 교류하는 즐거운 경험을 했고, 이 중 몇몇 사람들과는 개인적 친분도 쌓을 수 있었다.

나의 경험을 돌이켜 볼 때 먼저 떠오르는 것은 '나의 사회성은 왜 이렇게 떨어지는가?'라는 의문이다. 인간은 본래 사회적 동물인데 왜 나는 사회 공포증을 갖게 된 걸까?

내 생각에 많은 사람이 사회적 관계에 대해 두려움을 느끼는 이유는 미지수 때문이다. 두려움의 근원은 알 수 없는 '미지'에서 비롯된다.

사회불안 장애가 있는 사람들은 다른 사람과 만나는 순간을 위험으로 가득 찬 안개 속에 있는 것처럼 느낀다. 마치 한 치 앞도 안 보이는 안개 속에서 살얼음판을 걷는 것 같은 두려움이 짓누른다. 그래서 그들은 언제나 수동적 자세를 취한다. 그들에게 있어 적극적이고 능동적인 것은 모험을 의미하며, 상상할 수조차 없는 것에 의한 파멸을 의미한다.

이런 연유로 사람을 사귀는 과정에서 극도로 수동적으로 행동하고 상대방의 말 한마디 한마디를 그냥 지나치지 못한다. 상대방의 의도를 과대해석하고, 상상력을 동원해 상대방을 대신해 나 자신을 얕잡아 본다.

'그 사람은 왜 말이 없지? 분명 나를 싫어하는 거야. 나랑 말하는 게 재미가 없나?'
'나 같은 사람이 어떻게 그런 대접을 받을 수 있겠어. 난 자격이 없어.'
'차라리 민폐를 끼치지 않는 게 낫겠어. 난 부정적 에너지가 가득 찬 사람이라 분명 나를 싫어할 거야.'

사회불안 장애가 있으면 낮은 자존감을 기준으로 상상의 나래를 펼치기 때문에 상대방이 분명 자신을 싫어하리라 추측한다. 상대방이 정말로 자신을 싫어한다는 것을 확인하면 역시나 자신의 느낌이 정확하다고 판단하며 더욱 수동적으로 변한다.

이런 악순환이 반복되다 결국 누군가 말을 걸어오면 '대재앙이 닥쳤다'고 느끼면서 간절히 도망치고 싶어 한다.

2

나는 과거에 사회불안 장애를 앓던 사람이었고, 그래서 혼자 있는 것이 나에게 가장 알맞은 생활방식이라고 굳게 믿었다.

내가 자주 보았던 장면은 매번 비슷한 곤경에 어찌할 바를 모르고 쩔쩔매거나, 알 수 없는 불안감에 놀라 움찔하는 것이다. 하지만 앞서 말한 행사에서 성공적으로 발표한 일을 기점으로 나는 많이 용감해졌다. 이후 모든 것이 분명해지고 밝아졌다. 나는 같은 장소에 있는 사람들을 몇 개의 부류로 분류하고, 같은 부류의 사람들을 대상으로 시뮬레이션을 해 보며 그 사람들이 나를 어떻게 보는지를 알게 되었다.

그들은 나를 어떤 태도로 대할까? 대략적으로 나를 어떻게 생각할까? 나를 무시하지는 않을까? 나의 어떤 행동이 그들의 생각에 변화를 줄 수 있을까?

상황을 명확히 이해하고 통제가 가능해진 지금의 상황에서 더 이상 내가 두려워해야 일은 없었다. 문득 여태껏 두려워해온 것은 미지의 어둠 그 자체가 아니라 미지의 어둠 속에 있는 자신의 느낌이라는 것을 깨달았다.

다시 말해 우리가 두려워하는 것은 그 어떤 구체적인 것이 아니라 미지에 직면했을 때 스스로 느끼는 '감각'인 것이다.

미지의 사물을 직면할 때 우리는 모두 긴장감과 두려움을 느낀다. 이런 감정들은 우리 몸이 보내는 일종의 알람으로 우리를 보호하고 어려움을 헤쳐나갈 수 있도록 도와준다.

그러나 우리가 매번 미지에 대한 두려움으로 움츠러든다면 미지의 이면에 있는 진실을 영원히 알지 못한다. 우리가 미지의 이면에 있는 진실을 한 번이라도 마주한다면 다음에 조우할 미지의 두려움 속에 처하게 되었을 때 더 이상 쩔쩔매지 않을 것이다.

낯선 사람을 만나면 우리는 상대방의 성격을 알 수 없다. 낯선 장소에 가면 그곳의 규칙을 모른다. 지금까지 한 번도 해 보지 않은 일을 요구받았기에 잘 해낼 수 있을지 알지 못한다. 우리는 어떤 상황이 닥치더라도 긴장하지 않고 두려워하지 않도록 단련해야 하는 것이 아니다. 결과를 알 수 없는 미지의 상황에 처했을 때 두려워하는 자신을 딛고 과감히 도전하도록 단련해야 한다. 만약 물을 무서워하는 사람이 수영을 배워서 헤엄을 칠 수 있다면 그는 두려움을 이겨낼 수 있을 것이다.

처음 가위에 눌렸을 때 나는 패닉에 빠졌었다. 그리고 두 번째에는 조금 지나면 괜찮아질 것이라고 스스로 상기시켰다.

나는 언제든 낯선 사람이나 사물을 다시 마주하게 되면 불안과 공포를 느끼게 되리라는 것을 안다. 하지만 불안과 공포가 지나고 나면 정말 무서운 일은 벌어지지 않는다는 것도 알고 있다. 내가 자신의 정서를 용인하고 나서 그 감정을 똑바로 바라보기만 한다면, 미지의 것들은 점차 진면모를 보여줄 것이다.

3

사회불안 장애가 생기는 것은 예측할 수 없는 미지의 상태에 대한 두려움 때문이다. 우리가 긴장하고 두려운 감정에 휩싸이면 우리는 자신에게만 온 정신이 집중하게 되어 타인을 이해하는 능력이 심각하게 저하된다. 지나치게 자신에게만 집중하다 보면 타인에 대한 공감 능력이 떨어지게 되는 것이다. 당신은 타인과 교류하면서 자신의 잘못된 점은 털끝 하나까지 모조리 찾아낼 수 있지만, 상대방에 대해서는 그 사람을 면밀히 관찰하고 분석해서 이해하는 게 아니라 자신의 상상을 기반으로 판단하려 든다. 그래서 타인의 존재는 당신에게 있어 두려움으로 가득 찬 미지의 세상과 다름없다. 그리고 타인 역시 당신 자신이 상상의 세계에서 설정해 놓은 기준의 잣대를 적용해 당신을 바라보고 평가할 것이라 생각한다. 자신의 상상 속에서 타인은 당신을 힐난하고, 미워하고 또 싫어하는 것이다.

만약 우리가 다른 사람에 대해 진심으로 이해해서 점차 그들의 생각과 성격, 행동 습관을 명확히 알 수 있게 되면 더 이상 그 사람은 무섭게 느껴지지 않을 것이다.

당신이 옷가게에서 옷을 사는 상황을 가정해 보자. 당신을 계속 따라다니며 응대하는 점원 때문에 긴장하고 어색함을 느낄 것이다. 자신을 따라오지 말라고 말하고 싶지만 부끄러워 말하지 못한다. 당신은 점원이 사지도 않을 옷을 만지작거리며 꾸물거린다고 생각하지는 않을까 염려하고, 둘러보다가 딱히 마음에 드는 옷이 없어서 구매하지 않으면 신경질을 내지 않을까 걱정한다. 또 가격을 할인해 달라고 말하고 싶지만 차마 입이 떨어지지 않는다.

이런 상황을 타개할 가장 좋은 방법은 당신이 직접 옷가게의 점원이 되어 보는 것이다. 다른 고객과 여러 상황에 직접 부딪혀 보고 나면 모든 게 간단해진다. 나중에 다시 옷을 사러 갈 때, 당신은 점원의 머릿속에 있는 생각을 훤히 알고 있다는 사실을 인지하게 될 것이다. 이런 예측 가능한 상황이 되면 당신은 더 이상 어색해하지 않을 것이다.

사람을 사귈 때는 상대방의 시각으로 그의 생각을 이해하는 법을 배워야 한다. 그게 가능해지면 누구를 마주하든 그와 교류할 수 있는 적절한 방식을 찾을 수 있다.

4

중증의 '사회불안 장애' 환자였던 나는 '경청하기'를 시작하면서 변할 수 있었다. 지난 1년여의 시간 동안 나는 수많은 사람의 사연에 귀를 기울였다. 그들을 통해 서로 다른 사람들이 사물을 어떻게 인식하는지 점차 알게 되었고, 나와 비슷한 사람을 보면서 나 자신을 새롭게 바라보게 되었다. 훗날 다른 사람과 이야기를 나눌 때 과거처럼 공황 상태에 빠질 것 같은 느낌이 들었지만 돌연 이제는 상대방의 느낌을 알 수 있고, 상대방과 관계를 맺는 방법도 알고 있고, 이 관계를 좋은 방향으로 이끌 수도 있다는 것을 자각했다. 괴팍한 성미에 수동적인 태도를 고집하던 나로서는 너무나 즐겁고 보람된 변화였다.

일반적으로 사람들은 가벼운 관계에 대해서는 별다른 반응이 없지만, 좀 더 깊은 관계를 맺으려 하면 긴장을 느낀다. 보통 사람들 사이의 평범한 인사에는 예의 바르게 대처할 수 있지만, 한 걸음 더 내디뎌 보려는 관계 앞에서는 긴장과 불안을 느낀다.

많은 사람이 타인을 이토록 경계하는 이유는 과거의 일부 실패한 관계에서 부정적인 체험을 했고, 자신을 있는 그대로 받아들이지 못하기 때문이다. 자신을 온전히 받아들일 수 없으므로 그런 자신을 다른 사람이 보게 될까 봐 두려운 것이다. 그래서 다른 사람은 당연히 자기를 미워할 것이라 지레짐작한다. 자신이 환영받지 못한다고 상상하면 상대방이 정말로 자신을 싫어하게 될 때까지 수동적으로 대한 후 자조 섞인 말을 내뱉는다.

"역시 내 판단은 정확해."

5

우리와 타인 사이를 가로막고 있는 가장 큰 장애물은 대부분 우리 자신에 대한 편견과 오해에서 생겨난다.

한 번은 친구와 담소를 나누는 도중에 그 친구가 끊임없이 나에게 미안하다고 사과를 하며 앞으로는 나를 방해하는 횟수를 최대한 줄이겠다고 한 적이 있다. 나는 그와 이야기하는 것이 귀찮다고 느낀 적이 없었고, 오히려 그와 재미있게 이야기를 나누는 동안에 많은 문제의 해결 방안을 얻을 수 있었다고 생각했는데도 말이다. 그래서 나는 그 자리에서 바로 말했다.

"이렇게 먼저 얘기해주어서 고맙고, 내가 방해받는다고 생각하는 것은 너의 오해일 뿐이니 이 부분을 바로 잡고 싶다."고 말이다. 또 나는 기쁜 마음으로 그와 함께 계속 친분을 쌓아갈 것이라고 했다.

나는 열등감을 가진 사람들에게 공익을 위한 활동에 참가해 보기를 권하고 싶다. 감사와 칭찬의 말을 들으면 처음에는 꽁장히 쑥스럽고 민망할 수 있다. 그러나 진심의 감사 인사를 자주 받다 보면 '사랑받고 있다'는 것이 객관적인 사실임을 점차 깨닫고 더 이상 민망함을 느끼지 않게 된다. 당신은 다른 사람의 호의를 스스럼없이 받아들일 수 있고, 또 자신을 진심으로 좋아할 수도 있다.

용감하게 문을 박차고 나서라. 그러면 당신이 만나는 대부분의 사람이 얼마나 진실하고 선량한지 곧 알게 될 것이다. 또 당신이 원하는 것을 가질 자격도, 타인에게 사랑받을 가치도 충분한 사람이라는 것을 깨달을 것이다.

언젠가는 그동안 이 세상에서 당신을 가장 가혹하게 대했던 사람이 바로 '당신'이었다는 사실을 깨닫게 될 날이 올 것이다.

당신을 집어삼키는
거대한 감정, 자책

1

당신은 자책을 자주 하는 편인가?

예를 들어 한 가지 일을 제대로 끝마치지 못하면 자신이 쓸모 없는 사람이라 생각하거나, 많은 사람에게 무언가 잘못했다고 느낀다면 당신은 쉽게 자책하는 사람의 유형에 속한다. 이런 사람은 다수가 참여하는 프로젝트가 순조롭게 진행되지 않으면 그 또한 자신의 잘못이라고 생각하기도 한다.

당신은 지금까지 의도적으로 다른 사람에게 불편을 끼친 일이 없을 것이다. 무슨 일이든 가능한 한 스스로 마무리를 짓고, 만약 다른 사람의 도움을 받으면 상대방에게 빚진 마음이 들고, 괜히 다른 사람을 끌어들여 누를 끼쳤다고 느낄 것이다.

한때는 나도 이렇게 쉽게 자책하는 사람이었다. 쉽게 자신을 책망하는 행위는 바람직하지 않고, 정신 건강에 해악을 끼친다고 알려준 사람은 아무도 없었다. 나중에 책과 다른 이들의 경험을 통해서야 비로소 자책의 근원을 서서히 깨닫게 되었다.

2

사실 자책은 일종의 열등감 표출이다. 영아 및 유년기에 부모의 지지와 격려, 그리고 무조건적인 사랑 속에서 자라지 못하면 심리적 안정감이 부족하고 자신이 사랑받을 가치가 있는지 의심하게 된다. 그리고 이 안정감의 결핍과 자신에 대한 끝없는 의심이 그를 소심하고 나약하게 만든다. 이런 성장 환경을 가진 사람은 버림받고 미움받는 것을 가장 두려워한다

이런 사람들의 눈에는 누군가의 사랑을 받기 위해 충족해야 하는 조건들이 있다. 그래서 그들은 스스로 그 조건들을 만족하도록 자신에게 요구한다. 많은 부모가 자신의 아이에게 스트레스를 주는 습관이 있는데 그중 대표적인 말이 '다른 집 아이는 어떻냐?'라는 질문이다. 이 질문으로 아이는 다음과 같은 결론을 내리며 자책을 경험하게 된다.

"엄마, 아빠는 다른 집 아이를 더 좋아해. 나는 아무것도 할 수

없나 봐. 정말 쓸모없는 아이야. 그러니까 난 엄마, 아빠의 사
랑을 받을 자격이 없어."

부부 사이의 문제를 아이에게 전가하는 부모도 있다. 예를 들
면 부부싸움을 하다 아이에게 말을 전하게 한다거나 부모 중 한
사람을 선택하게 하는 행위이다. 심지어 언어폭력도 서슴지 않
고 한다.

"너만 아니었으면 우린 벌써 헤어졌을 거야."
"너한테 우리가 해준 게 얼마나 많은지 알기나 해?"

이러한 언행은 의심할 여지 없이 아이에게 과중한 스트레스
를 받게 하고, 아이로 하여금 모든 게 자신의 잘못이라고 느끼
게 한다.

어린 시절에는 판단력과 방어력이 부족해 부모를 절대적으로
믿는다. 그래서 부모가 꾸짖고 불공평한 처사를 하면 아이는 '내
가 부족해서 이런 대접을 받는구나.'라고 생각할 수밖에 없다.
이로 인해 죄책감이 들면 부모의 입장에 서서 그들과 함께 자신
을 비난하고 공격할 수도 있다.

3

중국의 방송인 마둥^{马东}은 한 프로그램에서 이런 말을 한 적이
있다.

"자책이 세상에서 가장 강력한 부정적 에너지를 방출한다."

나는 이 말에 적극적으로 동의한다. 자책은 출구가 없다. 그래
서 자책에 익숙한 사람은 종종 자신이 벌을 받아 마땅하다고 느
끼기 때문에 끊임없이 자신을 공격하고 상처를 준다. 우리는 '원
하는 대로, 바라는 만큼'의 고통과 슬픔을 느낀다. 이런 고통과
슬픔은 다시 더 강한 부정적 에너지로 바뀌어 더욱 자책하게 하
고, 자신을 더 상처 주는 데 힘을 보탠다. 그래서 자책을 '출구가
없는 악순환의 연속'이라고 하는 것이다.

우리가 오랜 시간 동안 이런 자책에 시달리게 되면 더욱 초조
해지고 괴로움에 허덕이게 된다. 우리의 행동 능력과 사회성이
심각하게 훼손을 입어 심하면 우울증의 구렁텅이에 빠질 수도
있다.

그렇다면 어떻게 해야 이 자책의 악순환 고리에서 탈출할 수
있을까?

우리는 먼저 자신을 과도하게 책망하고 몰아붙이고 있다는 것

을 인식해야 한다. 과도한 자책에 익숙한 사람들은 종종 매우 잘 지내는 것처럼 보인다. 그들은 항상 다른 사람의 사랑과 인정을 얻기 위해 애를 쓴다. 완벽해지려고 노력하고, 가능한 한 다른 사람의 요구를 만족시키려 하며, 타인의 비위를 맞추려 노력한다. 그들은 매우 자상하며, 남에게 폐를 끼치지 않으려 부단히 애를 쓴다. 그러나 그들이 고통을 느낄 때는 자신을 굳게 걸어 잠그고 혼자서 묵묵히 감내한다.

다른 이들과 잘 지내면서도 완벽하지 않은 자신을 숨기기에 나른 사람늘 눈에는 그들이 자책하고 있는지 알 수가 없다. 그러니 그렇게 하는 것이 옳지 않다는 것을 알려주는 사람도 없을 것이다. 그래서 그들은 항상 과도한 자책을 당연하게 받아들이며 살고 있다.

4

이제 과도한 자책이 일종의 부정적인 심리 기제임을 알았으니 그것의 구체적인 문제가 무엇인지 짚고 넘어갈 필요가 있다. 흔히 볼 수 있는 과도한 자책의 유형을 8가지로 정리하고 이에 대한 반박 논리를 다음과 같이 정리해 보았다.

꼬리표 달기

보통 사람은 실수를 하거나 일을 제대로 마무리하지 못하면, 방법을 강구하여 보완하거나 다시 한번 시도한다. 혹은 포기해 버리기도 한다. 하지만 자책에 익숙해진 사람은 자신을 공격하기 시작한다. 자기 자신에게 '바보', '쓰레기', '나쁜', '아무것도 아닌' 등의 꼬리표를 붙인다.

반박 논리 : 우리 자신에게 꼬리표를 달면 그 꼬리표가 원인이 되어, 모든 일의 결과를 그 원인으로 설명하려 든다. 그러면 결국 아무것도 바꿀 수 없게 된다. 사람은 누구나 실수하고 실패할 수 있다. 우리는 자신의 어떤 실수나 실패 때문에 조급하게 자신에 대해 정의를 내려선 안 된다. 사람은 성장하고 변화할 수 있기에, 어떤 잘못이나 실패도 보완할 수 있다.

책임 확대

컵 하나를 깨뜨린 경우, 그 컵 하나의 파편만 치우면 된다. 그러나 자책에 익숙한 사람들은 이런 사소한 일조차 무한정 확대 해석하여 괴로워하며 아무것도 제대로 하지 못하는 자신을 탓한다.

반박 논리 : 자신의 책임을 확대하는 것은 이치에 맞지 않는다. 우리는 특정 문제 그 이상의 책임을 질 필요가 없다.

과거의 실수마저 소급 적용

자책에 익숙한 사람이 한 가지 일을 잘못하면, 그들은 이전에 잘못했던 일들을 전부 끄집어낸다. 그리고 끊임없이 잘못을 중첩한 다음 그 모든 책임을 자신에게로 전가한다.

반박 논리 : 우리는 지금 하는 일에만 집중하면 된다. 과거의 문제를 연루하는 것은 이 일을 해결하는 데 전혀 도움이 되지 않는다.

모든 것이 내 탓

어떤 일이 발생하건 습관적으로 다 자신의 잘못이라 생각한다. 다 같이 하나의 프로젝트에 참여했는데 실패하게 되었을 경우 그들은 모두 자신의 탓으로 여긴다. 다른 사람이 합당한 이유 없이 자신을 공격해 와도 자기 탓으로 여길 것이다.

반박 논리 : 우리가 주체가 되어 결정할 수 있는 일은 많지 않다. 순조롭지 못한 원인도 결코 우리에게 있는 것이 아니다.

자책을 동력으로 삼다

스스로 자신을 공격하는 행위를 자신의 앞길을 밝히는 동력으로 삼는 습관이 있다. 자신을 채찍질하며 욕하고 다그쳐 더 나은 내일이 있다고 생각한다.

반박 논리 : 자책을 통해 밀어붙이는 행위는 자신을 더욱 초조하게 할 뿐이며, 오히려 일을 제대로 진행할 수 없게 만든다.

실패의 상처에 대한 집착

과거의 실패 때문에 어떤 일에도 기대를 하지 않는다. 그 일로 끊임없이 자책하고 실패했다는 사실에 집착해 결국 절망적인 내리막길을 걷는다.

반박 논리 : 배움과 성장은 평생에 걸쳐 노력해야 하는 일이다. 포기하지 않는 한 기회는 얼마든지 있다.

과도한 타인과의 비교

항상 주변 사람이나 인터넷상에 떠도는 성공한 인사들과 자신을 비교한다. 때론 다른 사람의 장점을 자신의 단점과 비교함으로써 자신이 얼마나 형편없는지 증명하고서 자신의 무능함에 수치심을 느낀다.

반박 논리 : 사람마다 출발점과 기준이 각기 다르다. 우리는 어제, 오늘, 내일의 우리 자신과의 비교만 필요하다.

완벽주의

모든 일에 매우 높은 기준을 가지고 있다. 동시에 자신에 대해서는 매우 엄격해서 용인할 수 있는 기준치는 매우 낮다. 항상 사소한 잘못으로도 자신을 책망한다.

반박 논리 : 세상에 완벽한 것은 존재하지 않는다. 우리는 자신을 너무 가혹하게 비난해서는 안 된다.

위의 정리한 8가지 자책 유형에 들어맞는 사람은 이런 자책감에 빠졌을 때 자신이 과잉으로 받아들여 자신을 책망한다는 것을 인지하고 즉시 반박할 논리에 근거해서 자신을 변론해 주어야 한다.

처음에는 자유자재로 대처할 수 없겠지만, 어떤 유형의 자책감을 느끼게 되면 위에 반박 논리에 대입하여 자신을 설득할 수 있게 될 것이다. 이런 연습을 통해 당신은 자책에서 벗어나는 힘을 기르게 될 것이다.

모든 생각을
멈춰야 하는 순간

1

'생각한다는 것'은 매우 중요하고 의미 있는 일이다. 사람들은 생각을 통해 끊임없이 자신과 세계를 인식하고 이를 통해 끊임없이 새롭게 변화할 필요가 있다. 하지만 극심한 우울증, 슬픔과 고통, 혹은 스트레스에 시달릴 때는 생각을 멈춰야 한다.

이런 상황에서는 주의력이 통제 불능 상태가 되어 '독선적 사고'를 하게 될 가능성이 높고, 결국 부정적인 생각에서 헤어 나오지 못하기 때문이다. 당신은 격렬하게 생각함으로써 일을 잘 해결하려고 시도하겠지만, 발버둥 치면 칠수록 부정적인 감정은 출구에서 점점 멀어질 것이다.

당신의 인생에서 감당하기 힘들 정도로 고통스러운 일이 일어났다고 가정해 보자. 비록 이 일은 지나갔지만, 당신은 여전히 그 영향력 아래에 남아 있다. 극심한 고통과 엄청난 스트레스를 받고 있어서, 고통이 심해질수록 이 상황에서 빨리 벗어나려고 모든 것을 바꾸고 싶어진다. 그래서 당신은 참지 못하고 생각하기 시작한다. 열심히 '생각'해서 방법을 강구하는 것만이 당신에게 변화를 가져다줄 것만 같기 때문이다. 그러나 생각을 시작하자마자 당신의 주의력은 통제 밖으로 벗어나 당신을 과거의 고통스러웠던 순간으로 끌고 들어간다.

'왜 나한테 이런 일이 생긴 거지? 왜 하필 나에게?'
'만약에 내가 애초에 이렇게 했더라면 지금쯤 다른 상황을 맞지 않았을까?'
'이런 일이 발생한 건 다 내가 부족해서 그런 거야. 내가 너무 못나서 그런 거야.'

당신의 사고는 먼저 감성적으로 변하기 때문에 부정적인 감정에 휘말려 자신을 원망하거나 자기 연민에 빠질 수 있다. 제대로 작동하지 않는 사고 회로 때문에 근본적으로 존재하지도 않는 원인을 찾고 초조함과 회한에 반복적으로 시달리는 것이다.

이어서 당신의 주의력은 갑자기 미래로 달려갈 수도 있는데 이렇게 되면 점점 머릿속에서는 부정적 회로가 빠르게 돌아간다. 당신은 이 일이 앞으로도 계속 영향을 미쳐서 영원히 회복되지 못하리라 생각한다. 그리고 연거푸 무섭고 좋지 않은 일들이 자신에게 일어날 것이라고 상상하며 깊은 절망에 빠지게 된다.

그 일을 생각하지 않으려고 노력하지만, 오히려 이런 노력 때문에 그 일에 더욱 집착하게 된다. 통제 불능 상태에 빠진 당신은 현실 속에서 그 일과 관계된 것들을 지속적으로 찾으려 든다. 혼자 있을 때 슬퍼지면 비관적인 주제를 다룬 책을 읽고, 멜로디가 슬픈 노래를 찾아 듣고, 자학적으로 생각하고, 괴로운 기억을 떠올리게 하는 것을 반복해서 보는 이유가 여기에 있다. 스스로 공감대를 느끼도록 고통이 투사된 복제품을 찾게 만드는 것이다.

2

왜 사람은 우울하면 나쁜 감정마저 다 사라지고 피곤함만 느끼는 무기력한 상태가 되는 것일까? 그 이유는 바로 통제되지 않는 주의력이 끊임없이 당신의 에너지를 소모하기 때문이다. 비관, 절망, 초조 등의 정서에 대한 지나친 관심은 당신의 에너지를 완전히 소진할 때까지 내적 소모를 멈추지 않는다. 그렇게 되면 당신은 자신의 삶을 영위할 힘마저 잃게 된다.

이럴 때 우리에게 가장 필요한 것은 심리치료를 받는 것이다. 심리치료로 무의미한 생각을 멈추고 에너지를 천천히 회복시켜야 한다. 하지만 무서운 것은 이렇게 조금이라도 회복된 에너지는 다시 자제력을 잃고 헛된 생각을 하게 만든다.

그렇다면 어떻게 해야 이 '생각 회로'를 가동시키지 않을 수 있을까?

과거에 얽매이지 말고, 미래를 두려워하지도 말며, 단지 현재만 주시해야 한다. 어떠한 평가도 하지 말고, 어떠한 감정도 갖지 않고, 가장 간단한 일에만 주의 집중하면 된다.

예를 들면 사과를 먹는 것과 같은 아주 사소한 일에 집중해 보자. 사과를 앞에 놓고 먼저 사과의 외관에 집중해서 색깔과 모양을 관찰한다. 그리고 나서 손을 뻗어 사과를 들고 손에 느껴지는 무게와 질감에 집중한다. 촉감을 느끼고 나서 사과를 코에 가까이 대고 후각으로 향기에 집중한다. 마지막으로 입을 크게 벌려 한 입 베어 물고 씹을 때마다 들리는 사각사각 소리와 치아에 과육이 마찰하며 씹히는 식감과 청각에 집중한다. 이때 사과의 향긋한 맛과 향기가 입에서 퍼져나가며, 과육이 목구멍과 식도를 거쳐 마침내 위에 도달하는 전 과정을 느낄 수 있다.

3

현재에만 집중하는 과정에는 오로지 '지금 이 순간'과 '눈앞의 가장 단순한 일'만 있다. 만약 이 과정에서 자신이 현재에 집중하지 못하고 몰래 빠져나가려 하는 게 느껴진다면, 자신을 책망하지 말고 그저 묵묵히 주의력을 다시 '단순한 일'에 되돌리기만 하면 된다.

이 방법은 언제든지 활용할 수 있다. 사과를 먹는 일을 택할 수도 있고, 옷을 입는 일을 선택할 수도 있으며, 바닥을 청소하는 일이나 호흡을 선택할 수도 있다. 이 방법을 매일 반복해서 시도하면 집중하지 못하는 주의력을 통제할 수 있게 될 것이다.

이제 다음 단계의 업그레이드된 훈련에 도전해 볼 수 있다. 당신은 주의력을 집중해서 온몸을 스캔해 볼 수도 있다. 발가락부터 정수리까지 신체 구석구석의 반응을 느낄 수 있다. 창문을 열고 창문 밖에서 들려오는 모든 소리에 귀를 기울여 판별해 낼 수 있다.

주의력을 통제할 수 있게 되면 운동을 할 수도 있고, 책을 읽을 수도 있으며, 다른 사람과의 교류를 통해 과거에 완성할 수 없었던 많은 일에 다시 도전할 수 있다.

훈련을 통해 주의력을 조절하는 자신의 능력이 충분히 강해지면 이성적인 사고가 가능해져 올바른 시각으로 자신과 세상을 보는 법을 배울 수 있다.

4

우리가 느끼는 고통은 자아에 대한 집착에서 오는 경우가 많다.

이런 집념은 우리가 지나치게 주의를 자신에게 집중하게 만들어서 자신이 이 세상 비극의 주역이라 느끼게 한다. 이러한 자아에 대한 과도한 관심은 앰프amplifier처럼 우리의 아픔을 증폭시켜 그 정도가 시간이 갈수록 깊어지고, 지속된 시간이 길어질수록 우리의 에너지를 갉아먹는다.

한동안 주의력 훈련을 하고 나니 관심의 대상이 점차 자기 자신에서 외부 세계로 넓어졌고 그제야 '내가 그렇게 중요하진 않다'는 것을 깨닫게 되었다.

내가 중요하지 않다는 것은 비관적인 자기 부정이 아니라 변화를 통해 얻게 된 일종의 '해탈'이다.

우리는 이 세상에 존재하는 만물과 큰 차이가 없다. 우리를 괴롭게 하는 일은 결국 지나갈 것이다. 마치 얼음과 눈이 결국은 대지에 녹아들 수밖에 없는 이치와 같다.

우리 자신의 고통을 면밀히 살펴보면 인류가 공통으로 겪고 있는 고통과 별반 다르지 않다는 것을 알게 된다. 이것을 이해하면 진정으로 받아들일 수 있게 된다. 이는 우리의 에너지도 태양과 같아서 만물을 비추지만, 그림자만 남기지 않을 뿐이라는 것을 의미한다. 고통스러운 일이 되풀이되더라도 우리는 충분히 이를 감내하고 웃어넘길 수 있다.

거짓의 모래 위에 세워진
'자신감'이라는 성城

1

자신감이 충만한 사람은 다른 사람의 칭찬과 선물을 거리낌 없이 받고, 기회를 쟁취하며, 용감하게 자신의 권리를 주장한다. 이런 자신감 넘치는 행동은 그들에게 있어 매우 자연스러운 일이며, 그들은 결코 자신감 있는 태도를 다른 사람에게 보이려 애쓰지 않는다. 반면 의도적으로 자신감을 보여주려는 사람들이 있다. 이들의 태도는 사실 일종의 '강요된 거만함'이다. 이런 거만함과 교만은 철저한 열등감 속에서 발현된 것이다.

2

그렇다면 '강요된 거만'이란 무엇인가? 어떤 사람은 어린 시절 사람들과 정상적인 교류를 할 수 있는 능력이 미처 형성되지 않아서 집단생활에서 소속감을 찾지 못하는 경우가 종종 있다. 군중 속에 있을 때 그들의 마음속에는 잠재적인 두려움이나 불안이 생겨나 시시각각 자신의 방어 기제를 작동시킨다.

학창 시절 공부든 운동이든 무조건 일등을 해야 하고 자신의 실패를 절대로 용납하지 못하는 친구를 본 적이 있을 것이다. 주변 사람들 눈에는 그들이 강하고 자신감에 차 보이겠지만 사실 그들은 줄곧 불안함에 떨고 있다. 그들은 늘 남들에게 나를 증명해야 내가 안전하고, 내가 자신 있고 완벽해야 다른 사람의 사랑과 호의를 받을 수 있다고 생각한다.

또 어떤 사람은 항상 혼자 있으려 하고 타인에게 항상 냉담하게 대하며 안하무인처럼 행동하기도 한다. 하지만 사실 그들의 내면에는 군중 속으로 녹아들고 싶은 심리가 있다.

'왜 나는 남들처럼 단순하게 즐기지 못할까?'

첫 번째 유형의 사람과 달리 그들은 경쟁을 통해 자신을 증명하는 것이 아니라 경쟁에서 완전히 물러나 다른 길에서 출구를 찾는 선택을 한다. 그들은 한편으로 집단에 대해 깊은 적개심을 품고 있지만, 다른 한 편으로 여러 사람 위에서 군림하는 방법을 찾으려 노력한다.

3

한 친구가 시합에 나간 적이 있는데 자신의 능력을 충분히 발휘하지 못했다는 생각에 이런 말을 했다.

"어쩌지? 내가 아주 치명적인 실수를 저질렀어. 아마 모두가 나를 비웃고 있을 거야. 난 정말 멍청한 것 같아."

어떤 학생은 나에게 이런 말을 했다.

"우리 부모님은 저에게 거는 기대가 엄청나요. 근데 전 이렇게 쓸모없고 아무것도 제대로 하지 못하네요. 정말 저 자신을 용서할 수가 없어요."

며칠 후 시합에 참여했던 친구는 상위권에 들었다는 소식을 전하며 다른 사람들이 모두 자신을 칭찬했다며 즐거워했다. 또 쓸모없고 아무것도 제대로 하지 못한다고 생각했던 그 학생은 방학에는 운전을 배우고, 아르바이트로 용돈도 벌었고, 남은 시간에는 동생에게 과외도 해주었다. 심지어 틈틈이 학업에도 열중해 장학금까지 받은 뒤 현재는 자격증을 따기 위해 학원을 다닌다고 했다. 이 학생은 이미 보통의 또래들보다 훨씬 더 열심히, 훌륭하게 살고 있다. 그럼에도 자신이 쓸모없다고 생각한 것이다.

우리 주변을 살펴보면 이런 사람들이 너무 많다. 다른 사람의 기대에 부응하기 위해 필사적으로 노력하고, 힘들어 죽을 것 같아도 미소를 짓고, 매우 훌륭한데도 늘 부족하다고 생각하는 사람들 말이다. 그들이 이런 생각을 하는 이유는 모든 사람이 좋아할 만한 완벽한 허상이 되기를 꿈꾸고 있기 때문이다.

시간이 흐르면서 그들의 마음속에는 공허감이 점점 커지게 된다. 이렇게 형성된 공허감은 점점 자신이 무엇을 추구하는지, 심지어는 자신이 누구인지조차 알 수 없게 만든다. 그리고 열등감에 빠져 영원한 불안에 시달린다.

그들은 자신을 매우 혹독하게 단련해 강한 사람이 되었지만, 어린 시절의 연약한 아이는 여전히 마음속에 살아 있다. 그들이 자신을 멋지고 아름답게 단장하는 목적은 자신의 진짜 모습을 철저히 감추기 위해서이다. 필사적으로 무엇인가를 성취하려는 목적도 진정한 자아실현이 아닌 타인의 인정을 받기 위해서이다.

그래서 그들은 진정한 의미의 자신감을 형성하지 못한다. 자신이 성취한 모든 것들은 거짓 위에 세워진 사상누각이며, 언제 사라져 버릴지 모르는 거품과도 같다. 그들은 타인에게 부정당하거나 진행하던 일에 착오가 생기면 처참하게 무너져 끔찍한 자기혐오와 열등감에 빠질 수 있다.

4

집단과 철저하게 경계를 긋는 사람들은 외형적으로는 보통 사람들과 차원이 전혀 다른 존재들로 보인다. 맑고 고고한 자세로 인생의 의미와 같은 철학적 문제들을 논하며 자신은 남들과 다르다는 것을 애써 강조한다. 또한 사회적으로 성취를 이룬 사람들을 적대시하는 경향이 있다.

"당신은 당신의 의지대로 고독한 삶을 선택했나요?"

이 질문에 그들은 긍정적인 대답을 할 것이다. 그러나 그들과 그들의 유년 시절의 경험을 이야기하다 보면, 불가피하게 고독을 선택하게 된 이유를 금방 찾을 수 있다.

"당신은 지금의 외로움, 자존심, 고고함, 타인에 대한 적개심이 스스로 선택한 결과가 아니라고 생각해 본 적이 있나요?"

이 질문은 정신적 세계에 이상향을 두고 현실을 멸시하는 사람들에게는 굉장히 치명적이다.

다름을 자처하고 지극히 낮은 물욕으로 무소유의 추구를 지지대로 삼고 있는 사람은 자기 자신에게서만 소속감을 찾는다. 이런 사람을 하나의 성향으로 정의하자면 '교만하고 욕구하는 사람'이다. 이들은 보통 사람과는 너무나도 다르게 정신적이고 이상적인 것을 추구한다. 그는 마치 자신이 더 높은 차원의 정신적 세계를 추구하고, 더 높은 도덕적 기준과 더 깊은 사상을 지닌 것처럼 자신의 내면에 완벽한 허구의 형상을 창조해낸다.

그러나 정신세계를 현실 세계와 대립시킨다는 것은 정신세계가 현실 세계의 시련을 계속해서 겪어야 한다는 것을 의미한다.

이들은 출구를 찾기 위해 더욱 청아하고 고고한 척하며, 모든 현실적 성취를 거들떠볼 가치조차 없는 것처럼 점점 더 무시한다. 또한 이들은 현실에게서 모종의 사건으로 정신 붕괴를 경험하게 되면 끝이 보이지 않는 어둠의 나락으로 떨어진다. 자신이 재활용도 못할 쓰레기처럼 느껴지고, 자신의 인생이 아무런 의미가 없다고 생각한다. 이들은 외로울수록 교만해지며, 자신의 정신적 이상이 현실에 의해 무너지는 것을 결코 용납하지 못한다.

이들은 또한 부정당하는 것을 피하기 위해 현실에서 도피하고, 자신을 철저히 폐쇄하는 쪽을 선택하기도 하고, 이와 정반대로 정신적 이상을 추구하던 자신을 적대시하고 폄하하며 철저히 현실 세계에 더 몰입하기도 한다.

이런 사람들에게 가장 필요한 것은 거짓된 자신감이 아니라 진짜 자신을 알고 마주하는 것이다. 진정한 자신감을 갖춘 사람은 외부의 충격과 부정을 겪어도 자기조절을 통해 빠르게 건강한 정신 상태로 회복할 수 있다.

Part 3

혼자만의 사랑은

이제 그만

행복 앞에서 겁을 내는 사람은 영원히 행복을 쟁취할 수 없다. 한 번씩 크게 분노를 표출한다거나 자신을 학대하는 행위 또한 모습을 달리한 일종의 도피일 뿐이다. 당신이 느끼는 수치심은 자신을 속박하는 굴레일 뿐이며 사심 없이 베푸는 듯한 양보와 이를 통해 얻는 정신적 만족은 단지 감히 욕망을 똑바로 마주하지 못하는 자신에 대한 위안일 뿐이다.

사랑을 믿지도,
받지도 못하는 겁쟁이

1

"처음 만난 순간부터 지금까지 당신을 좋아한 게 결국 당신에게 짐이 된 것 같습니다."

"마음이 한 걸음 더 다가가고 싶을수록, 내 몸은 한 걸음 더 멀어지려 합니다."

"당신의 광채 아래 있노라면 황홀한 기분이 들지만, 그 빛이 나의 어지럽고 추한 모습 또한 비출까 두렵습니다."

"내 온몸과 마음이 얼음장 같아서, 차마 당신을 안기가 두렵습니다."

"내 가슴속 깊은 곳의 열망은 결국 그저 먼 곳에서 바라보고 축복하는 것으로 묻어두겠습니다."

"당신과 같은 땅에 살고, 같은 공기를 마시며, 같은 시간을 살아온 것만으로도 충분합니다."

앞서 적은 글귀들은 몇 년 전 내가 누군가를 좋아했을 때 쓴 메모들이다.

그 시절 나는 나 자신을 견딜 수 없을 만큼 극심한 자기혐오에 시달리던 때라 누군가를 좋아한다면 그 사람을 위해 멀어져야 한다는 이상한 논조를 굳게 믿었다.

누군가를 오래도록 좋아한 적이 있었다. 긴 시간이 흐른 뒤에야 나에게 그녀는 단지 '피난처'였음을 깨달았다. 나는 그녀에 대한 나의 깊은 사랑을 드러내고 싶었다. 존재하는 모든 SNS의 계정과 게시판에 그녀를 위한 글을 수도 없이 써서 올렸다. 그러나 사실 이런 글은 그녀와 관계가 없다.

과거의 나는 괴팍하고 나약한 사람이었기에 그녀를 정신적 지주목으로 여겼을 뿐이다. 현실 세계에서 좌절하거나 고통받을 때마다 나는 기억 속의 그녀 앞으로 달려가 눈물을 흘렸다. 나는 그녀에게 내가 얼마나 그녀를 사랑하는지, 이 사랑은 영원히 변치 않을 것이라 알려주고 싶었다. 그녀를 신처럼 받들고 그녀를 위한 조각상을 주조하지 못하는 게 한스러울 정도로 그녀에 대한 나의 사랑은 애절했다.

그러나 이 모든 것은 나약한 나 자신을 증명하는 것일 뿐이다.

내가 그녀에게 건넨 '사랑해'라는 말 한마디는 '살려줘'라는 말이었고, '죽음까지 초월할 영원히 변치 않을 사랑'은 '현실 세계가 무서워 나갈 수 없는 회피 욕구'를 의미하는 말이었을 뿐이다.

누군가를 오랫동안 애틋하게 남몰래 좋아한다는 게 로맨틱한 일인 줄 알았는데, 사실은 자신의 나약함을 표현하는 치졸한 행위였던 것이다.

좋아한다는 것을 그녀가 모르게 하고, 그녀를 방해하지도 않고, 보답도 바라지 않는 사람을 좋아하는 것은 욕심 없는 사랑이 아닌 그저 나약함에서 비롯된 주저함일 뿐이다.

아름다운 것은 아름다운 채로 순수하게 정신세계에 남아 있는 게 좋다고 생각했지만, 이 역시 나약함에서 비롯된 회피일 뿐이다.

2

당신이 아무도 모르게 한 사람을 좋아하는 시간이 길어질수록 두 사람 사이의 거리는 점점 멀어지고, 당신의 존재는 점점 상대방의 기억 속 저편으로 아스라이 사라질 뿐이다. 하지만 당신은 현실 세계에 실존하는 그 사람에 대해서는 아무것도 알 수가 없다.

그런데 이것이 바로 우리 자신이 원하던 사랑 아닌가? 영원히 거리를 유지하면, 영원히 거부당하지 않을 것이고, 영원히 퇴색되지 않을 것이다. 자신의 정신세계에만 머무른다면 현실 세계에서 상처받지도 않을 것이다.

나는 나의 나약함에 무수히 많은 아름다운 수식어를 붙이고, 미화된 꿈을 꾸었다.

사람들은 나의 이야기를 들으면 모두 감동한다.

"정말 애틋한 사랑이군요!"

"정말 한결같으시네요."

"요즘 세상에 당신처럼 순수한 사랑을 할 사람이 또 있을까요?"

하지만 사실 내가 좋아한 것은 그녀가 아니라 내 자신이다.

아니다. 나는 나 자신을 좋아하지 않는다. 나는 나를 싫어한다. 한없이 내가 싫었기 때문에 이런 나를 영원히 꼭꼭 숨기고 가슴속에 묻어두어야 한다고 생각했던 것이다. 자신을 마주할 용기가 없었기 때문에 정신적으로 기댈 수 있는 무언가가 필요했다. 순수한 사랑과 낭만적인 추억, 시와 노래, 보답을 바라지 않는 욕심 없는 마음을 갖고 싶었다. 또 이것들로 인해 여생을 소모하는 처량한 아름다움이 필요했다. 그리고 자신을 위해 이렇게 많은 수식으로 정성껏 준비한 허무한 꿈을 꾸는 것이다.

3

감정에 결함이 있는 사람일수록 친밀한 관계나 사랑에 대해 완벽을 꿈꾼다. 그들은 관계나 사랑이 어떤 모습인지 모르기 때문에 신격화하고 이를 신앙처럼 믿는다. 바로 이런 까닭에 그들은 비할 데 없이 나약해진다. 그래서 현실 세계에서 흔히 일어나는 상황에도 가슴이 두근거린다. 이를 '행복할 줄 모르는 겁쟁이'라 부르고 싶다. 이들은 좋아하는 사람이 다가오면 당황하고 몸을 돌려 도망친다. 이것은 사랑이 아니라 병이다. 몸 어딘가에 채울 수 없는 틈에 숨어서 자신을 가두어 두고 벗어날 줄 모르는 병인 것이다.

좋아하는 것과 사랑하는 것은 다르다. 좋아하는 것은 혼자서 일방적으로도 가능한 감정이지만 사랑은 그렇지 않다. 현실 세계에서 당신과 아무 관련이 없는 사람을 사랑할 수는 없다. 용기 있게 그 사람 앞으로 나아가서 두 사람 사이에 함께 공유할 수 있는 교집합을 형성해야 비로소 일말의 사랑의 가능성이 생긴다.

상처받기 두려워하는 겁쟁이에서 상처받아도 그 상처를 딛고 일어서 문제를 해결할 수 있는 사람으로 변해야 진정한 사랑을 할 수 있다. 사랑은 본디 낭만적이면서도 속되고, 위대하면서도 평범한 것으로 인간들이 서로를 따뜻하게 보듬을 수 있는 산물에 불과하다.

세상 하늘 끝까지 함께 가는 것도 사랑이고, 동네 슈퍼를 함께 가는 것도 사랑이다. 달콤한 밀어도 사랑이고, 화가 났을 때의 다툼도 사랑이다. 낭만적인 장미도, 손수 장만한 음식도 모두 사랑의 표현이다. 그래서 당신은 천상의 사랑을 현실 세계로 내려오게 해야 한다. 진짜로 사랑 그 자체에 빠져서 '허망한 사랑을 좇는 것'을 그만두었을 때 진정한 사랑은 자연스럽게 생겨난다.

4

과거의 나는 주관적이고 순수하며 정신세계의 이상향을 좇는 폐쇄적인 사람이었다. 그러나 지금의 나는 용기 있게 다가서 가슴속 사랑을 표현할 수 있다.

어둠 속에 있는 사람이 다른 사람을 좋아하게 되면, 좋아하는 그 마음이 더 나은 삶을 지향할 수 있도록 힘이 되어준다. 그리고 그 힘은 활력과 생명력을 뿜어낸다.

만약 당신이 누군가를 많이 좋아한다면 반드시 상대방에게 그 마음을 알려줘야 한다. 당신 자신이 아무리 엉망진창인 사람이라 할지라도 좋아하는 그 마음은 티 없이 깨끗하고 순수하기 때문이다.

인생의 여정에서 존재하는 모든 아름다운 것들을 향유하기 위해 충분히 노력해 보자. 아름다운 사람들, 풍경, 음식, 그리고 사랑하는 것들을 위해서 말이다.

어둠 속에 숨어 있는 사람은 언젠가는 빛에 이끌려 세상 밖으로 나올 수밖에 없다.

서두를 필요는 없다. 그러나 겁내지 말아야 한다.

감정이 흐르는 대로가 아닌,
현실이 이끄는 대로

1

이전의 나는 줄곧 감정이 이끄는 대로 살아왔다. 나는 내성적이고 극도로 예민한 성격의 소유자라서 내 안의 느낌이 가장 중요하고 진실한 것이라 여겼다. 다른 것들은 모두 나와 무관한 것이라 생각했다. 이런 생각 때문에 나의 시간은 줄곧 혼란스럽고 무질서하게 흘러갔다.

그러니 무엇을 물어도 별 의미 없이 감정이 흐르는 대로 대답하기 일쑤였다.

"뭘 먹지?"

"아무거나."

"이제 어디로 갈까?"

"아무 데나 가자. 발길 닿는 곳으로."

"앞으로 무엇을 하고 싶어?"

"별로 생각 안 해 봤는데. 아무거나 되는대로."

한참이 지난 후에야 감정이 이끄는 대로 선택한다는 것은 사실 아무 선택도 하지 않은 것임을 깨달았다.

내가 결과에 연연하지 않아야 진지하게 선택하지 않아도 되고, 그 결과에 책임을 지지 않는다고 생각했다.

젊었을 때 좋아하던 사람이 나를 떠나가면 나는 붙잡지 않았다. 상대를 떠나보내고 나면 그저 조용히 시를 썼을 뿐이다. 대학 입시 전에 응원 메시지란에는 '정해진 운명대로 얻고 잃을 뿐, 마음은 얻은 것도 잃은 것도 없다'고 적었다. 그리고 대학교를 선택할 때도 아무 학교나 지원하고, 아무 전공이나 선택했다. 글쓰기를 좋아하지만 진지하게 사력을 다해 써본 적은 없다. 늘 머릿속에 영감이 떠오를 때까지 몇 줄 적을 뿐이었다. 평소에 건강에 관심이 있는듯하나 끼니를 제때 챙기지 않고, 밤을 자주 새우며, 그 어떤 생활 계획도 없었다.

나는 지금까지 열심히 살아본 적이 없다.

나 자신은 항상 초연할 수 있다고 생각하고 아무것도 신경 쓰지 않았다. 하지만 사실 나는 지독한 겁쟁이였다. 그래서 심각하게 고민하고 진지하게 선택할 엄두조차 내지 못했다. 많은 것들을 고려하고 신경 쓸 자신이 없었고, 진지하게 임했음에도 여전히 아무것도 얻지 못하는 결과를 감당할 자신도 없었다.

이 세상에는 천재의 부류가 있을 것이다. 그들은 직관만 믿고 따라도 쉽게 길을 찾아 나올 수 있다. 그러나 대부분의 보통 사람이 감정이 이끄는 대로 아무렇게나 선택한다는 것은 자기 자신을 경시하거나 회피한다는 의미다.

자신을 업신여기기 때문에 진지하게 자신의 의견을 내세우지 않는다. 자기는 어떻게 되든 상관없다고 생각하며 자신을 외면하기 때문에 삶을 심각하게 대하지 않고, 책임지려 하지 않는다.

2

감정이 이끄는 대로 사는 사람들은 자신의 감정에만 신경을 쓰는 것처럼 보이지만 사실은 자기감정을 제대로 인식하지 못하는 것이다. 심지어 그들은 자신이 좋아하는 물건, 싫어하는 음식, 사랑하는 일 등에 대해 전혀 알지 못하고, 자신과 마주하고 소통하는 것을 꺼리기 때문에 그때그때의 감정에 따라 모든 것을 결정하며 자기 회피를 시도한다. 단지 그들 자신이 이를 인정하고 싶어 하지 않을 뿐이다.

당신은 언제나 자신의 느낌이 옳다고 여기고, 이에 따라 결정하면 본래의 자신에게서 괴리되지 않은 결괏값이 보장될 것이라 믿는다.

예를 들어 당신이 힘든 시간을 겪고 있다면 당신은 온 세상이 다 어둡다고 느낄 것이다. 당신 마음에 오직 한 사람만 있다면 당신은 단 한순간도 그 사람과 떨어질 수 없다고 느낄 것이다. 만약 당신이 성공을 막 거머쥐었을 때는 모든 일을 다 해낼 수 있을 것 같다고 느낄 것이다.

흔히 말하는 '느낌대로 간다'는 것은 일종의 습관이나 시류에 따라가는 것이다.

어떤 사람들은 스크래치 복권을 긁을 때 은박을 긁기 시작하고 나서 '다음'이라는 글자가 보이면 이미 당첨되지 않았다는 것을 알지만, 여기서 끝내지 않고 마지막까지 긁어서 '다음 기회에'를 확인해야만 비로소 포기하려는 관성이 있다. 또 다른 사람이 자신을 좋아하지 않는다는 것을 알면서도 상대방이 자신에게 혐오감을 느낄 때까지 쫓아다니는 집착을 보이기도 한다.

감정을 따르기로 선택한 것은 능동적으로 생각하고 성장할 가능성을 포기했다는 뜻이다. 이런 경우 감정이 삶을 휘두를 수 있는 영향력은 지속 강화된다. 당신이 이 모든 것을 합리화하게 되면 더 극심한 고통을 받으면서도 벗어나지 못하고 받아들이게 되고, 결국 자신만의 작은 세계에 갇혀 점점 어긋나고 편협한 사고로 변해갈 것이다.

3

선택의 순간이 오면 감정이 이끄는 대로 선택하는 사람은 마음속으로 이런 생각을 한다.

'나는 갖고 싶어.'
'아니야. 난 어울리지 않아. 자격이 없어.'

그러나 한편으로 그들은 '자격이 없다'는 말을 인정하려 들지 않는다. 그래서 그 말을 '상관이 없다'로 바꾸어 인식한다. 나와 상관없는 일이므로 회피하고, 선택을 유보하고, 결국 감정에 전적으로 맡기며 그 느낌을 합리화한다.

"난 원래 이런 사람이야. 이게 바로 내 특징이지."

그리고 다음번 선택의 순간을 마주할 때면 앞선 과정을 무시하고, '느낌을 따라가라'와 '난 상관없어'라는 두 가지 선택 사항만을 고려한다. 이때 우리가 두려워해야 하는 것은 자신이 옳다고 생각하고, 모든 것이 스스로 선택한 결과라고 생각하게 되는 것이다.

예전에 헬스를 할 때 나는 이런 생각을 했다.

'어차피 강해지고 완벽한 몸을 만들려는 목적은 없어. 그냥 운동을 좀 하는 거야. 이렇게 생각해야 마음이 편해.'

이 생각 때문에 나는 운동을 할 때마다 헬스 기구를 아무렇게나 몇 번 들다 말고, 밀고 당기기만 하다가 조금의 피로라도 느끼면 바로 그만두고 가버렸다. 건강해지기 위해 헬스를 하면서 밤을 새우고 건강에 좋지 않은 음식을 먹었다.

그런데 지금은 진지하게 건강을 관리할 계획을 세우고, 이를 실천하기 위해 성실하게 임한다. 매일 식단을 구성하며 영양 균형이 맞는지 주의를 기울인다. 이외에도 되도록 일찍 자고 컨디션을 좋게 유지하려고 한다.

이런 태도로 헬스장을 다시 찾았을 때 나는 내 느낌이 바뀌었다는 것을 알게 됐다.

"운동도 안 하면서 닭가슴살만 많이 먹어서 나 자신한테 미안하네."

"낮에 체력이 방전될 정도로 에너지를 쓰고, 잠도 제대로 자지 못한 나 자신한테 미안하다."

보디빌더가 되고 싶지는 않다. 그러나 이런 일들이 내 삶에 생명력을 불어넣어 주고, 명확한 현실 목표를 세우게 하며, 이를 달성하기 위해 노력하게 한다. 감각만 따라가서는 현실감을 절대로 경험하지 못한다.

어떤 일의 결과에 연연하지 않는 것 자체가 그 일에 대해 무례한 것이다. 당신이 어떤 일을 도모하면서 충분한 노력을 기울여야 그것이 가져다주는 더 많은 즐거움을 느낄 수 있다.

4

아쿠타가와 류노스케芥川 龍之介, あくたがわ りゅうのすけ* 는 이런 말을 했다.

---

* **아쿠타가와 류노스케(1892년~1927년)** : 일본의 소설가로 파란만장한 삶을 살다 간 다이쇼 시대의 대표 작가이다. 합리주의와 예술지상주의를 표방하였고, 10년이 조금 넘는 짧은 활동기간 동안 『라쇼몽』등 많은 명작을 써냈으나, 자살로 인해 문단에 큰 충격을 안겼다.

"인간은 실현될지 모르는 꿈을 이루기 위해 평생을 걸기도 한다. 이런 사람을 어리석다고 비웃는 이는 필경 인생에서 지나가는 손님에 지나지 않는다."

만약 당신이 누군가를 좋아한다면 자기감정이 선택을 결정하도록 방임하면 안 된다. 그러면 모든 희망이 사라질 것이다. 당신은 현실에 근거하여 당신과 상대방을 위한 미래의 계획을 세워야 한다. 어디에서 만나고, 무엇을 할지, 어떻게 친밀한 인간관계를 형성할지, 얼마나 자주 만나고, 어느 곳으로 여행을 할지를 말이다.

만약 당신이 정말 좋아하는 일이 있다면 열정만 넘친 채 실제로는 한 걸음도 떼지 못하는, 제자리걸음만 반복하는 상황에 머물러선 안 된다. 당신은 먼저 현실적인 문제를 해결해야 한다. 돈을 벌어 어느 정도의 경제적 여건을 조성하고, 다시 분발하고 노력해서 최종 목표를 달성해야 한다.

'현실이 이끄는 삶'은 결과만 중시하는 게 아니라 삶에 적극적으로 참여하는 태도도 중시한다. 우리는 바로 고통과 절망, 폄하, 무시를 경험했기 때문에 더욱이 아름다운 것을 추구하고 창조하기 위해 노력해야 한다.

애정 결핍의 그늘에서
벗어나는 법

1

누군가 애정 결핍이 있다고 하면 사람들은 모두 그 사람의 성격 결함이나 가정환경의 문제라고 생각해서 돌이킬 수 없다고 여긴다. 애정 결핍은 사실 한 사람의 감정에 안정감이 결여된 것일 뿐이다.

한 사람이 사랑을 가장 필요로 하는 시기에 사랑받지 못하게 되면 애정 결핍은 상당한 영향력을 가지고 평생 그를 따라다닐 것이다. 이 영향은 쉽게 발견되거나 변화되지 않고, 오랜 시간이 흐른 뒤 그는 이 애정 결핍에 통제되어 무의식적으로 생활하게 된다.

사실 애정 결핍이 있는 모든 사람이 비슷한 행동 패턴을 보이지는 않는다. 이 점이 많은 사람을 혼란스럽게 하고 판단을 유보시킨다. 심지어 자기 자신이 감정적인 '피해자'라는 것조차 전혀 의식하지 못하게 한다.

2

애정 결핍이 미치는 영향은 세 가지로 분류된다.

나는 사랑이 부족하다. 그래서 절대적인 완벽한 사랑을 추구한다.

이런 사람의 표현은 분명하다. 바로 사랑에 대한 과도한 보상을 원한다. 이들은 사랑의 안정감이 결여되어 끊임없이 사랑을 받고 있다는 것을 확인하고 싶어 한다. 배고픈 사람이 음식을 가려서 먹지 못하는 것과 같이 그들이 바라는 것은 그 감정 자체일 뿐이다. 상대가 누구인지, 자신과 어울리는지 등은 전혀 중요하지 않다.

애정 결핍이 없는 사람에게 사랑은 향유하는 것이라면, 애정 결핍인 사람에게 사랑은 생명줄이다. 반드시 필요하고, 없으면 안 될 것이기에 그들의 삶의 목표는 '나를 목숨처럼 사랑해 줄 사람을 찾는 것'이다. 그래서 그들은 항상 다른 사람의 비위를 맞추기 위해 자신을 희생한다. 하지만 이 행동 뒤에는 숨은 의미가 있다. 바로 이것이다.

"나를 더 많이 사랑해줘요."

더 많은 사랑을 확인하고, 더 많은 찬사를 받고, 더 많은 인
정을 갈구하는 무의식적이고 간접적인 통제와 같은 행동이다.

그들이 요구하는 사랑에 대한 과도한 보상은 의심할 여지 없
이 그 관계와 감정을 파괴할 것이다. 하지만 그들은 자신이 사랑
앞에 용감하다고 착각한다. 그들은 상대방이 진정으로 필요로
하는 것을 무시하고, 자신이 상대방에게 강박적으로 요구하고
있다는 사실을 애써 외면한다.

그들은 타인의 시선을 너무 의식하기 때문에 타인의 기대를
충족시키기 위해 자신의 인내심을 극도로 끌어올리며 동시에 단
계적으로 자신을 속이고, 또 자기 연민을 느낀다.

나는 사랑이 부족하다. 그래서 사랑이 다가올 수 없도록 멀리한다.

애정 결핍이 있는 사람은 사랑이라는 감정을 위협으로 느끼기
도 한다. 그들은 자신이 사랑에 휘둘리고 통제당할까 두려워서
극단적으로 사랑에 대한 욕구를 억누른다. 성장 과정에서 그들
은 사랑에 대한 욕구를 '독립적이고 자주적인' 자신을 만들기 위
한 추진력으로 전환시킨다.

그들은 사랑에 의해 통제되지 않기 위해서 끊임없이 자신을 돌아본다. 이렇게 자신을 비추다 보면 '감정에 대한 경각심'이 생긴다. 감정이 인식되는 순간 깨어 있는 감각을 이용한 기능을 상실하게 하는 것이다. 그래서 그들에게는 또 다른 허전함이 생기는데, 독립적이고 자주적인 능력이 더해지면서 '숙명적인 고독'을 소유하게 된다.

고독과 허전함을 지속적으로 유지하기 위해서는 내면에 '안전지대'를 구축해야 한다. 그래서 그들은 경쟁하지 않고, 소수의 사람이 향유하는 분야에 자신의 주의를 집중시켜 만족을 얻는다.

감정적으로 간혹 '싱숭생숭'한 관계를 가질 수 있지만, 장기간 유지하지 않는다. 일단 관계가 가까워지면 그들은 불편함을 느껴 황급히 도망치기 때문이다. 그들은 현실과 동떨어진 세계, 즉 정신적 사랑을 더욱 선호하기에 오래도록 남몰래 하는 짝사랑을 선호하고, 심지어는 현실에 존재하지 않은 가상의 인물을 좋아하기도 한다. 그들의 눈에는 자기 자신이 세상에 둘도 없는 보물이며, 현실보다 더 높은 정신세계를 추구하는 사람으로 보인다. 그러나 그들은 시종일관 자신의 나약함과 뼛속 깊이 뿌리박힌 열등감을 보지도 못할뿐더러 더더욱 인정하지 않는다.

나는 사랑이 부족하다. 그래서 사랑이 중요치 않다.

애정 결핍의 첫 번째 유형이 '자신을 등한시하고 사랑에 목맨다'고 한다면, 두 번째 유형은 '자신에게 집중하고 사랑은 멀리한다'이다. 그리고 세 번째 유형은 바로 '자신도 무시하고 사랑도 무시'하는 유형이다.

이런 사람의 내면세계는 투쟁으로 가득 차 있다. 이들은 도피하지도 않으면서 동시에 타인의 환심을 사려 하지도 않는 전사의 성격을 지녔다. 그들의 안정에 대한 욕구는 사랑도 아니고 주체적 독립도 아닌 바로 '자아의 승리'이다.

사랑을 받을 수 없는 이상 사랑을 무시하고, 또 나 자신도 무시하겠다는 신념으로 어려운 성장 환경을 버텨낸 그들에게는 충만한 전투력만이 남아 있다.

그들은 마음속으로 이렇게 이야기한다.

"나는 내가 좋아하는 게 무엇이든, 내 감정이나 느낌이 어떻든 개의치 않아. 나에겐 오로지 승리만이 중요해."

승리를 위해서 그들은 가용한 모든 자원을 쏟아붓는다. 그리곤 연이은 승리의 과정에서 얻은 안정감으로 자신의 정확함과 강함을 증명하려 한다.

다른 사람의 비위를 맞추는 데 급급한 첫 번째 유형의 사람들과 달리 그들은 '전투'를 선택한다. 또한 도망가고 회피하는 데 특화된 두 번째 유형의 사람들과 달리 그들은 '경쟁'을 선택한다. 주의력을 자신에 집중하는 사람들과 달리 그들은 그들이 정한 목표에 자신의 모든 집중력을 쏟는다. 그들이 목표로 삼는 대상에는 재물 등의 사업적인 것도 있지만 감정적인 것들도 있다. 단지 그들이 추구하는 목표는 결과가 아닌 자아실현의 과정이다.

그들의 눈에 자기 자신은 진실하고, 거짓이 없으며, 가식적이지 않고, 하나하나의 목표를 위해 고군분투하는 투사로 보인다. 그러나 사실 그들은 자기 자신과 사랑에 대한 욕구는 소홀히 대한다. 큰 목표, 큰 꿈을 달성할 수 있을지는 모르지만 이런 목표는 달성 당시에만 '또 한 번의 전투에서 살아남았다'는 안도의 한숨을 내쉬게 할 뿐 진정한 기쁨을 주지는 못한다.

3

애정 결핍으로 인한 이 세 가지 유형이 반드시 명확히 구별되는 것은 아니다. 한 사람이 두 가지 이상의 유형적 특성을 지녔을 가능성이 매우 높다. 어떤 심각한 상황에 처하게 되었을 때 어떤 사람들은 한 가지 유형에서 다른 유형으로 변하기도 한다.

첫 번째 유형에서 두 번째 유형으로 바뀌는 예를 들어보겠다. 감정적으로 끊임없이 상처를 받은 사람은 사랑에 대해 철저하게 실망하게 되고, 자신의 감정을 억누르는 사람이 되어 정신적 만족을 추구하는 은둔자로 변한다.

두 번째 유형에서 세 번째 유형으로 변하는 예이다. 자신의 욕구를 억압하고 정신적인 만족을 추구하는 은둔자가 현실 세계에서 심각한 충격을 경험하면 세속적 성공을 추구하는 '전사'로 바뀐다.

이 세 가지 유형의 사람들도 시류에 따라 또 다른 문제에 직면할 수 있다. 첫 번째 유형의 사람은 사랑은 하지만 반복되는 감정 소모에 해소되지 않는 고통이 지속해서 쌓일 것이다. 두 번째 유형의 사람은 철저히 세상을 피해 숨을 수 있는 현실 조건을 갖추지 않는 한 끊임 없는 현실의 견제로 극단적인 자만심과 열등감 사이에서 오락가락하다 언제 정신 붕괴를 경험하게 될지 모른다. 세 번째 유형의 사람은 지속해서 자신을 홀대하다가 완전히 무감각해져서 심하게는 '정신적 죽음'에까지 이르게 된다.

그런 측면에서 보면 애정 결핍은 정말 끔찍할 정도로 무섭다. 한 사람의 무의식 상태에 들어가서 그의 인생 전체에 영향을 미칠 수도 있으니 말이다.

성장 배경에 대한 논의가 활발한 것은 많은 사람의 '벽에 부딪힌 경험'에서 식별된 문제들이 결국 자신의 성장 과정과 관련되어 있다는 것을 깨달았기 때문이다. 그들이 관련 지식을 더 많이 알게 되면 자신의 태어난 가정환경에서 그 원인을 찾을 수 있을 것이다.

4

하지만 나는 태어난 가정환경이 한 사람에게 미치는 영향을 확대해석하는 것에는 절대 동의하지 않는다. 이는 바꿀 수 없는 영향이기 때문이다.

우리는 문제를 해결하기 위해 자신을 인식하는 것을 배워야 한다. 우리는 우리 자신의 문제가 애정 결핍에서 기인한 것임을 깨달았기에 자기 자신에 대한 분노를 가정환경에 대한 분노로 바꾸어 놓았다. 이는 단지 자신을 받아들이는 단계일 뿐이며, 애정 결핍의 근원이 가정환경에 있었다고 맹목적으로 과장하고 비난하는 것은 현재의 변화 가능성을 가로막게 할 뿐이다.

사람은 역동적으로 변화하며 성장한다. 굶주리고 불안에 떨던 사람이 포만감을 느끼고 안전한 환경에서 지내다 보면 그동안 안고 있던 각종 문제가 좋아질 수 있듯이, 사랑이 부족해서 생긴 상처 역시 회복될 수 있다.

그렇다. 애정 결핍의 그늘은 자신을 인지한다면 충분히 회복될 수 있는 것이다.

다음은 애정 결핍의 그늘에서 어떻게 빠져나올 수 있었는지에 대한 나의 경험인데 이 과정을 여섯 단계로 정리해 보았다.

첫 번째 단계는 '무의식 상태를 타파하는 것'이다. 예를 들어 이 글을 읽으면서 어느 한 단락에서 자신의 모습이라 여겨지는 부분이 있다면 자신에게 문제가 있다는 것을 자각하고 무의식 상태에서 깨어나야 한다. 당신은 항상 의식적으로 선택하고 있는 것이 아니다. 또한 자신이 하는 말 중에 많은 부분이 진심에서 우러나오는 것이 아니다.

두 번째 단계는 '목표를 전이하는 것'이다. 당신 내면의 분열과 모순을 분리해서 문제의 원인을 찾고, 자신의 감정을 그 원인에 전이한 다음, 마음 내키는 대로 발산하거나 분출할 수도 있다.

세 번째 단계는 '자기를 용서하는 것'이다. 과거의 자신과 마주 보고 서서 당신은 틀리지 않았고, 아무 잘못이 없다는 것을 말해 주어야 한다. 과거의 상처받은 당신을 어루만져 주는 것이다.

네 번째 단계는 '자신을 제대로 인식하는 것'이다. 낯선 사람을 인식하듯이 자신을 하나부터 열까지 다시 인식해야 한다. 매일 일기를 쓰고 자신의 감정, 기분, 상태, 강박적 사고와 선택을 기록하고, 자신이 좋아하고 싫어하는 모든 것을 기록해도 된다. 또는 명상을 하거나 관련된 서적을 읽으며 의식적으로 자신에 대해 분석해도 좋다. 마지막으로 자신을 인식하고 받아들이고 진심을 다해 자신과 함께 서자.

다섯 번째 단계는 '자신을 리모델링 하는 것'이다. 진심으로 변화하고 싶다면 반드시 문제를 이론에서부터 실천까지 적용해야 한다. 애정 결핍이 있는 사람의 가장 큰 문제는 자기 자신을 사랑하는 힘 또한 몹시 약하다는 것이다. 이 단계는 실천을 통해 자신의 가치를 재정립하는 데 중점을 두고 있다. 그래서 나는 다음 몇 가지를 더 제안하고자 한다.

- 오랜 시간 동안 형성된 건강하고 친밀한 관계를 맺어야 한다. 건강한 환경에서 자란 사람이라면 당신이 빠르게 성장할 수 있도록 도움을 줄 수 있다. 당신은 그를 통해 끊임없이 변화하며, 점점 더 친밀한 관계에 적응할 수 있을 것이다.
- 좋은 심리 상담사를 찾아 자신의 마음을 모두 쏟아낼 수 있어야 한다.
- 공익 활동에 참여해서 타인을 돕는 경험을 쌓아야 한다. 다른 사람에게 도움을 주고, 이를 통해 타인에게 인정을 받고, 타인과 연결되는 것은 유익한 효과를 준다.
- 자신에게 시간을 주고 진짜로 원하는 일을 찾아 실천해야 한다.

- 자기 배려를 연습해야 한다. 좋아하는 것을 기록하고, 자신에게 보상하는 법을 배우며, 자신의 장점을 열거해서 자주 읽어주고, 거울에 비친 자신을 향해 미소를 지어 본다.
- 자신이 지닌 강박적인 사고를 의식적으로 변화시켜야 한다.
- 세상과 긴밀한 관계를 유지하고, 자아를 잃지 말아야 한다.
- 자신의 본성을 존중해야 한다.
- 많은 사람과 교류해야 한다. 특히 그 교류는 깊을 수록 좋다.

여섯 번째 단계는 '자아실현'이다. 애정 결핍의 그늘에서 벗어나게 되면 전에 없던 자유로움을 만끽하게 된다. 마침내 자신의 의지에 따라 행동할 수 있고, 더 이상 비굴한 채로 다른 사람을 대하지 않을 수 있다. 관대한 마음으로 사랑하고, 사랑받을 수 있다. 과거의 자신을 담담한 자세로 직시하고, 자신의 장점과 단점을 받아들일 수 있게 된다.

수렁에 깊이 빠졌던 사람일지라도 모두 끊임없는 배움과 성장을 통해 어려운 시기를 견뎌낼 수 있으니 날개가 돋아나 활짝 펼 수 있을 때까지 견뎌내어 자유롭게 높이 날 수 있기를 바란다.

나는 왜 항상
관계를 망치는 걸까?

1

오랜 시간 친밀한 관계를 유지해 온 두 사람은 점차 함께 있을 때 안정감을 느낄 수 있는 적당한 거리와 소통방식을 찾았을 것이다. 예를 들어 문제가 생기면 어떻게 같이 해결할지, 싸울 때는 누가 먼저 사과하고 잘못을 인정할지, 여행을 갈 때는 누가 계획을 수립할지에 대해 안정된 패턴이 형성되어 서로 호흡이 잘 맞을 것이다.

이처럼 건강하고 안정된 관계를 수립하려면 평등한 권리와 책임감을 가진 두 사람이 진실한 대화와 끊임없는 시행착오를 통해 마침내 서로가 만족하는 균형점을 찾아내야 한다. 이 균형점은 현실 상황에 따라 조정될 수 있다. 이런 관계는 난공불락의 요새처럼 견고해서 서로를 지지하고 안정감을 준다. 그러나 건강하지 못한 관계는 자신들도 모르는 사이에 점점 간극이 벌어진다.

2

애착 유형 중 회피형과 불안형의 두 사람이 함께하는 상황을 가정해 보자. 이 두 사람의 관계는 '한 명은 따라다니고, 다른 한 명은 피해 다니는' 관계로 형성될 가능성이 높다. 이런 관계 패턴 속에서 불안형의 사람은 버림받을까 봐 두려워서 점점 더 상대에게 의지하게 되고, 점점 더 상대방을 의식하게 된다. 그래서 무조건 잘해주고, 상대방을 걱정하고, 끝까지 의지하며 자신의 '안전'을 확보하려고 한다. 그런데 이런 행동은 회피형 사람들이 무의식적으로 도피하도록 만든다. 그는 상대가 자신에게 의존하면 이를 부담으로 느끼며 상대방의 노력을 의도가 숨은 거짓 친절로 간주한다. 그래서 상대방이 가까이 다가올수록 더욱 빨리 도망간다. 그리고 그가 도망치려 할수록 상대는 더욱 가까이 다가선다.

이것은 불평등한 관계를 형성하는데, 도망치는 회피형의 사람이 관계 속에서 '높은 위치'를 차지하게 된다. 불안형의 사람은 그에게 과도하게 의지하고 항상 부족한 사랑을 갈구하기 때문이다. 그래서 이 관계 속에서 쫓는 쪽은 언제나 더 노력하고, 싸울 때는 먼저 사과하고, 괴로울 때는 혼자 묵묵히 감내하는 것이다.

하지만 안타깝게도 이런 노력들은 모두 무의미하다. 건강하지 못한 관계 속에서 두 사람 모두가 괴로울 뿐이다. 쫓는 쪽은 자신의 헌신이 보답받지 못한다고 생각하고, 쫓기는 쪽은 줄곧 엄청난 스트레스를 받고 상대가 자신을 전혀 이해하지 못한다고 느끼기 때문이다.

이런 관계가 수립되면 그들은 무의식적으로 과거의 방식대로 상대방과 소통하려 한다.

"당신이 가까이 다가오면 나는 멀어질 것이고, 싸우고 바로 잘못을 인정하면 바로 용서할 것이다."

이렇게 매번 감정을 소모하는 방식으로 똑같은 문제에 부딪히면서도 정작 문제의 근원은 외면한다. 우리는 습관적으로 선택하는 옵션이 비록 틀리더라도 그것이 가장 안전하다고 생각한다. 이것은 마치 흡연이 건강에 해롭다는 것을 알면서도 끊지 못하는 것과 같다. 익숙한 습관이 되어버렸기 때문이다. 이런 순환 속에서 우리는 모두 끊임없이 같은 방식으로 서로를 대하고 있다. 그래서 우리 잠재의식 속에 서서히 다음과 같은 인지가 형성된다.

"이 사람은 원래 이런 사람이지. 문제가 생기면 이 사람을 이
렇게 처리할 거야."

"이런 일이 발생하면 분명 이렇게 말하겠지?"

"그는 나를 영원히 이해하지 못할 거야."

"근본적인 문제는 분명히 영원히 회피하려 할 거야."

문제가 있는 관계는 끊임없이 서로에게 부정적인 에너지만 가
져다줄 것이다. 한쪽은 마음이 시리고, 다른 한쪽은 마음이 지친
다. 또 한쪽은 사랑에 미쳐 마음이 불타오르고, 다른 한쪽은 사
랑에 지쳐 얼음처럼 차가워지는 느낌이다. 서로가 모두 상대방
에게 이해받지 못한다고 느끼면 점점 멀어져 갈 뿐이다.

3

관계의 패턴을 바꾸는 것은 생각만큼 쉽지 않다. 왜 그럴까?
우리가 서로에게 꼬리표를 붙이고 상대는 바로 이런 사람이라고
인정해 버렸기 때문이다.

우리가 이런 생각을 한다는 것 자체가 우리 자신도 바뀔 수 없
다는 것을 의미한다. 하지만 인생은 동태적으로 움직이며 발전
한다. 마치 강물처럼 끊임없이 흐르고 앞으로 뻗어 나아가며 변
화할 수 있는 과정이다. 관계 패턴 역시 서로의 노력으로 변화할

가능성이 충분히 있다.

건강하지 못한 관계에서 갈등하는 두 사람은 자신이 가장 이해받지 못하는 사람이고, 가장 고통받고 힘든 사람이라고 생각한다. 그들은 자신이 너무 많이 희생하고 있다고 생각하지만, 이런 희생은 아무 의미 없을 뿐만 아니라 오히려 관계에 부정적인 영향만 미칠 뿐이다. 그들은 자신이 변하기 위해 노력했지만, 상대가 변하려 하지도 않고 협조하려 들지 않는다고 생각한다. 하지만 사실은 그들 자체가 실제로 변화를 꾀하지 않았을 수 있다.

예를 들어 그들 중 한 사람이 상대방에게 이런 권유를 할 수도 있다.

"우리 같이 문제를 해결해 보자. 이번에 싸우게 된 진짜 원인이 무엇인지, 도대체 뭐가 잘못된 것인지."

그는 자신이 진지하게 문제를 해결하려 한다고 생각하지만, 상대방의 눈에는 '관계 속에서 우위를 점하고 있는 사람이 그저 자기감정에 빠져서 하는 말'이라고 생각한다. 상대적 약자인 자신에게 잘못을 인정하라는 표현을 요구하며 적당히 얼버무릴 뿐이지 진짜 문제를 해결하는 것은 아니라고 여긴다.

반대로 '낮은 위치'에 있는 사람의 소극적인 반응은 상대방의 눈에는 마음을 맞춰 볼 생각이 없고 문제 해결을 회피하려 하는 것으로 보인다. 그래서 이런 건강하지 못한 관계의 패턴은 더욱 견고해진다.

또 다른 예로 한쪽이 괴로워하며 상대방에게 묻는다.

"왜 당신은 진심으로 저를 대하지 않는 것이죠?"
"왜 저를 못 믿는 것이죠?"

그는 상대방이 바뀌고, 자신을 솔직하게 대하고, 자신을 믿고 무엇이든 말해 준다면 모든 게 잘 될 것이라 단순하게 생각한다. 하지만 그가 모르는 것이 있다. 그가 이런 질문을 했을 때 상대방의 마음은 불안과 두려움으로 가득 차오른다. 이런 감정들은 상대를 더욱 불안하게 만들고, 더 멀찌감치 도망가도록 밀어내는 것임을 그는 모른다.

관계 속에서 두 사람은 서로 같이 동시에 노력해야 한다. 상대방이 변할 수 있을 것이라 굳게 믿고 자신이 먼저 스스로 변화를 꾀해야 한다. 이렇게 해야만 기존의 건강하지 못한 관계 패턴에서 탈피하고 관계를 개선하고 재건할 수 있다.

건강하고 친밀한 관계를 맺으려면 관계 속의 두 사람이 다음과 같은 노력을 해야 한다.

하나, 평등해야 한다. 당신이 상대방을 사랑한 것은 단지 당신이 사랑해서가 아니라 상대방도 당신을 사랑했기 때문이다. 평등한 관계는 건강한 관계를 수립하기 위한 관계의 초석이며, 이는 서로를 존중한다는 것을 의미한다.

둘, 자신을 존중해야 한다. 어떤 관계에서도 자신의 느낌을 존중해야 하며, 용감하게 자신의 권리를 주장할 수 있어야 한다. 그리고 자신이 바라는 것과 불만족스러운 부분에 대해 말할 수 있어야 한다. 어느 한쪽이 비굴할 정도로 묵묵히 참는 관계는 건강하지 못하다. 두 사람 모두 편안함을 느끼는 관계만이 건강한 관계라 할 수 있다.

셋, 관용을 베풀어야 한다. 건강한 관계에서 가장 중요한 것은 묵묵히 참아주는 것이 아니라 진정한 관용을 베푸는 것이다. 상대와 나의 어깨를 나란히 하고 서서 상대방에 대해 생각해야 한다. 비록 상대방의 영혼 속에 짙게 드리운 그림자와 흠을 보더라

도 여전히 상대를 있는 그대로를 받아들이고 사랑할 수 있어야
한다.

넷, 솔직해야 한다. 그러기 위해선 자신의 진짜 생각과 마음을
상대방에게 알릴 수 있어야 한다. 동시에 상대를 칭찬하고 격려
하는 방법을 배우고 상대방이 적극적으로 변화할 수 있는 동력
을 실어주어 상대가 당신과 함께 있으면 모든 게 점점 더 좋아질
것이라고 느낄 수 있도록 해야 한다.

다섯, 성숙해야 한다. 성숙해진다는 것은 문제를 어떻게 해결
할지, 잘못을 어떻게 고쳐야 할지에 대해 서로를 가르치며 깨닫
고, 이를 통해 안정감을 구축하는 것을 의미한다. 또한 성숙은
서로를 구속하고 통제하는 것이 아니라 상대를 위해 자제하는
것이며, 더 이상 서로를 다치게 하지 않는 것이다.

5

모든 사람은 건강하고 친밀한 관계와 완전하고 조건 없는 사랑
을 원하지만, 모든 사람에게 이런 행운이 찾아오는 것은 아니다.
대부분 사람은 친밀한 관계 속에서 종종 여러 가지 문제에 부
딪히게 된다. 우리는 점차 자신이 지닌 성격적 결함을 인식하게

되는데, 그 결함은 우리 스스로 결정할 수 있는 것이 아니기 때문에 자신을 탓하면 안 된다. 우리가 할 수 있는 것은 바로 현재를 바꾸는 것이다.

우리가 성숙한 어른이 되어야 훗날 미래에 우리의 아이를 마주했을 때 자신의 변화를 통해 주위 사람들에게 영향을 줄 수 있고 건강하고 완전한 사랑을 줄 수 있다.

관계를 바꾸는 것은 매우 어려운 일이다. 그러나 가장 어려운 것은 문제의 본질을 정확히 파악하고 첫걸음을 떼는 일이다. 성장과 변화가 주는 즐거움을 느낄 때 자신도 모르게 그 발걸음을 재촉하여 과거의 어둡고 추운 구석에서 세상의 따스한 햇살 속으로 걸어들어올 수 있다. 그러면 우리는 모두 백 점짜리 사랑을 할 수 있다.

한 걸음 더 나아가는 것은
그리 어렵지 않다

1

나는 열등감과 자기혐오를 가지고 있는 모든 사람이 자기 변화나 대화법에 관련된 서적을 많이 읽었다고 믿는다. 그런 책들이 담고 있는 방법은 대부분 자신을 받아들이거나 과거를 받아들일 것을 강조하고, 혹은 자기 자신에게 안정감과 약간의 긍정적인 암시를 주는 내용에 지나지 않는다.

나 역시 이런 종류의 글을 쓴 적이 있는데 그런 내용들은 일부에게는 어느 정도 유익하겠지만, 대부분의 경우에는 읽을 때만 잠시 매우 유용하다고 느낄 뿐 실제로 큰 변화를 이끌지는 못한다.

그들은 어떻게 하면 자신에게 유익하고 더 나아질지 그 방법을 잘 알고 있지만, 현실에서 문제에 직면하면 이미 익숙하고 안전하다고 굳게 믿는 그 옵션을 다시 선택하고 만다.

이론적인 지침은 절대로 사람의 변화를 완성할 수 없다. 다시 말해 소위 '변화 방법론'이라 일컫는 이론들은 사람들의 변화를 이끄는 참고 모델이 될 수 없다. 마음속의 위기를 넘기지 못하는 사람, 마음속으로 자신을 혐오하는 사람은 아무리 자신을 받아들이겠다고 암시를 하여도, 거울에 비친 자신을 속이고 또 속이는 말을 아무리 많이 해도 진정한 변화를 만들어 낼 수 없다.

현실에서 변화를 꾀하고 싶다면 이론에서 벗어나 현실 세계에 참여해야 한다. 실제로 당신의 변화를 불러일으킬 수 있는 것은 '욕망'이다. 활활 타오를 수 있도록 그 욕망의 불씨에 불을 붙여야 한다.

열등감에 젖거나 자기혐오가 있는 사람들이 자주 대면하는 가장 심각한 문제는 도피에 익숙해져 있다는 것이다. 그들은 자신이 원하는 것을 얻을 수 있고, 하고 싶은 일을 할 수 있으며, 자신이 좋아하는 사람과 함께 어울릴 수 있다고 믿지 않는다.

당신은 분명히 원하고 있지만, 알 수 없는 결과가 두려워 나약하게 물러서게 된다. 이런 경우 당연히 자신을 미워하게 되고, 자신을 미워할수록 자존감은 떨어지게 된다. 심할 경우 도피를 택한다.

2

자신의 의식적인 각성에 의지해서 능동적으로 변화를 선택하기는 결코 쉽지 않다. 열등감과 자기혐오 역시 자신의 선택이기 때문이다. 당신은 물론 그것이 옳지 않다는 걸 알지만 필요하기에 결국 열등감과 자기혐오를 선택한다. 매번 물러서고 포기할 때마다 그것들은 합리화할 수 있는 이유를 제공하기 때문이다.

만약 과거로 돌아갈 수 있다면 나 자신에게 가장 먼저 알려주고 싶은 것은 '너를 있는 그대로 받아들여야 한다'가 아니라 '간절히 원한다면 그것을 쫓아 끝까지 해내야 한다'는 것이다.

만약 애초에 내가 조금이라도 능동적인 태도를 견지할 수 있었다면 '내가 원하고 있다'는 말을 꺼내 볼 수 있었을 텐데 하는 아쉬움이 있다. 그랬다면 정말 많은 것들이 달라졌을 것이다.

당신이 어떠한 외부의 도움 없이 열등감과 자기혐오에서 벗어나고 싶다면 아무것도 연연해하지 말고, 결과를 알 수 없는 그 옵션을 선택하도록 밀어붙여야 한다. 그렇게 여러 번 시도해 봐야 바꿀 수 있다.

당신이 인기 있는 사람이 되고 싶다면 먼저 자신을 아름답게 가꾸고, 멀리서 바라만 보고 감히 다가서지 못했던 사람들에게 다가서도록 해야 한다. 당신이 어떤 것을 갖고 싶다면 사력을 다해 노력해서 쟁취해야 한다. 자신의 욕망을 억누르면 안 된다. 좋아하는 사람이 생기면 용감하게 다가서야 한다. 누군가 그 사람 옆에 서야 한다면, 그게 바로 '당신'이 아닐 이유는 없다.

3

무력감에 빠진 우울증 환자가 있다. 그는 침대에 누워서 옷을 입을지 말지 생각하고 있었다.

'일어나서 옷을 입으려면 세 단계를 거쳐야 하지. 첫 번째 단계는 일어나기, 두 번째 단계는 옷을 집기, 세 번째 단계는 옷을 입기.'

옷을 입는 데 세 가지 단계가 필요하다는 생각이 들면서 그는 이 일이 정말 힘들고 고통스럽다고 느꼈다. 그래서 그는 자신이 도저히 할 수 없을 것 같다고 생각했다.

"됐어, 그냥 누워 있자."

그는 바로 포기했다. 만약 이때 당신이 그를 본다면 이런 반응을 보일 것이다.

"아니, 어떻게 옷을 못 입을 수가 있어요? 세상에 옷을 못 입는 사람은 없어요. 옷 입는 건 숨을 쉬는 것만큼 쉽거든요. 당신은 분명히 할 수 있을 거예요. 열심히 노력해야 잘 될 수 있어요! 어서 일어나세요!"

과연 이런 말들이 그에게 도움이 될까? 당연히 아니다. 아무런 소용이 없다. 이런 논리와 이치에 대해 그 역시 충분히 알고 있지만, 자신이 느끼는 것을 판단 기준으로 삼아온 그는 지금 얼마나 피곤하고 무기력한지 똑똑히 느끼기 때문에 아무것도 하지 않기로 했다. 이처럼 현재에 자신이 느끼는 실존의 느낌은 공허하고 무기력한 논리보다 훨씬 힘이 강하다.

그렇다면 어떻게 해야 상대를 변화시킬 수 있을까? 먼저 당신이 그를 부축하면서 이렇게 말하면 된다.

"우리 먼저 천천히 앉아볼까요? 그래요. 천천히 앉으면 돼요"

"보세요. 이미 성공적으로 일어나 앉았어요. 아주 쉽죠? 그렇죠?"

"자, 여기 옷이 있네요. 집어 보세요. 가볍죠?"

"이제 손을 넣으면 돼요."

"보세요. 이미 옷 갈아입기를 성공적으로 해냈어요. 생각했던 것만큼 어렵지 않았어요. 그렇죠?"

그는 옷을 갈아입은 후에 모든 게 그가 상상하는 것만큼 어렵지 않다는 것을 분명히 알게 되었다. 알고 보면 그는 결코 아무것도 할 수 없었던 게 아니었다. 그는 긍정적인 피드백을 얻은 이 경험을 통해 더 많은 것을 시도할 것이다. 그리고 오랜 시간이 흐른 뒤 결국 그는 변했다.

이 두 가지 방법을 비교해 보자.

첫 번째, 논리 → 무감각 → 변화 거부
두 번째, 행동 → 감정 인정 → 논리 → 변화 수용

우리는 늘 장황한 설교를 좋아하고 논리적으로 따지는 것을 좋아한다. 그래서 이런 허무한 말을 늘어놓는다.

"언젠가 네가 알게 될 거야."
"언젠가 너는 후회하게 될 거야."

당신의 말대로 어쩌면 언젠가는 그들이 정말로 알게 되고, 후회하게 될지도 모르지만 이런 말들은 그들이 현재 처해 있는 상황에 아무런 의미가 없다.

4

나는 일찍이 여러 차례 선택의 기회가 있었지만, 지금까지 단한 번도 나 자신을 위해 무언가를 쟁취해 본 적이 없다.

지나간 인생을 채운 수많은 공백과 아무런 목적도 찾을 수 없었던 날들을 마주할 때면 나는 어쩔 수 없이 마음속 남은 여한을 인정할 수밖에 없다. 내 마음속 세상에서 포근한 바람이 불고, 따뜻한 햇볕이 들거나 혹은 성난 파도가 하늘을 뒤덮을 정도로 몰아쳐도 이를 아는 사람은 아무도 없었다.

나는 열등감에 찬 자기혐오자로서 실패와 거절의 가능성에 직면하는 것이 얼마나 무서운지 잘 알고 있다. 이를 마주하게 되면 무너져 내리거나 주저앉아 버릴 수도 있다.

자신감 있는 사람들에게 그 근원은 '미지에 대한 적응력'에서 비롯된 것이라 볼 수 있다. 그들이 진정한 자신감을 느끼게 하는 것은 얼마나 많은 것을 소유하고 있고, 얼마나 많은 식견이 있느냐가 아니라, 새로운 미지에 직면했을 때 어떻게 처리하고 어떻게 적응해야 하는지를 아느냐이다. 이런 훈련을 통해 얻은 능력은 그들에게 매번 도전하고 자신의 목표를 좇는 것에 집중하게 만든다.

당신이 용감하게 한 걸음 한 걸음 나가기만 한다면 가장 위대한 치료사는 틀에 막힌 주관적 사고가 아닌, '객관적 사실'이었음을 알게 될 것이다.

모든 것은 당신이 상상하는 것만큼 그렇게 무섭지 않다. 당신이 상상하고 있는, 감당할 수 없을 것 같은 그 결과가 반드시 초래되는 것도 아니다. 당신은 자신이 결코 잘할 수 없다고 생각하는 일도 잘 해낼 수 있다. 자신은 어울리지 않는다고 생각하는 일도 사실 과감하게 시도해 볼 수 있다.

당신이 원하는 것은 당신이 선택해서 당신의 힘으로 얻을 수 있다.

당신이 이 과정을 한 번씩 반복할 때마다 자신감과 자기애에 한 걸음씩 가까워질 것이다. 변화를 원한다면 바로 해야 한다. 이것이 가장 현실적이고 효과적인 방법이다.

가장 진실한 욕망을 받아들이고 대담하게 쟁취하는 법을 배우며, 좋아하는 것은 어떤 것들도 자신에게 다 잘 어울릴 만하다고 굳게 믿으면 당신도 자신을 좋아하게 될 것이다.

욕먹을 기회조차 없는
'소심남'의 인생

1

"평범하기 그지없는데 왜 이렇게 자신감에 차 있지?"

많은 이들이 흔히 근자감(근거 없는 자신감)이 충만한 사람들에게 이런 궁금증을 품는다.

자신감이 무엇인지 도무지 알 길이 없는 평범한 남자로서 나 역시 도저히 이해되지 않는다. 나는 뼈에 사무칠 정도로 심각한 열등감을 안고 있기 때문이다.

내가 본 '근자감'이 충만한 친구들은 40점짜리 시험지를 받고도 신나게 교실을 뛰어다녔다. 반면 나는 60점짜리 시험지도 책상 속에 감추고 고개를 들지 못했다. 선생님과 부모님은 근자감에 빠진 아이들을 완곡하게 비난했다.

"애야, 너는 비록 우등생은 아니지만 그래도 성실한 편이다. 그러니 절대로 저런 애들처럼 되면 안 된다. 배울 게 없어."

그래서 나는 그들과 선을 긋고 그들을 깔보기 시작했다. 나는 그들이 이상하게 옷을 입고, 유행하는 파마를 하고, 여학생들을 향해 경망스럽게 휘파람을 부는 뻔뻔함에 놀랐다.

그들을 보면 내가 다 어색하고 수치스러워 몸 둘 바를 몰랐다.

"특별할 게 없는데 왜 저렇게 자신만만한 거래?"

나는 도저히 이해할 수가 없었다.

고등학교 시절, 나는 같은 반의 한 여학생을 좋아했지만, 감히 마음을 전할 수 없었다. 그녀는 너무 아름다웠다. 예쁘게 생겼을 뿐만 아니라 성적도 좋았는데, 심지어 성격까지 완벽했다. 나는 늘 몰래 그녀의 긴 생머리를 멍하니 바라보며, 언젠가는 그녀와 몇 마디 나누는 날이 올 것이라고 상상하곤 했다. 나는 그녀가 상을 받을 때면 손이 빨개지도록 마음을 다해 박수갈채를 보냈다.

그토록 소심한 내가 그녀에게 대담한 일을 감행한 적이 있다. 바로 그녀가 길을 걸을 때 몰래 백지 한 장을 던져 밟게 하고 그 종이를 들고 집에 돌아와서 그녀의 신발 자국을 여러 번 따라 그린 것이다. 그리고 겨울 서리가 내린 유리창에 그녀의 이름을 적었다가 이내 지워 버리곤 했다.

학원을 갔다 집에 돌아가는 그녀를 따라간 적도 있었다. 그녀가 어두운 길을 거쳐 노란색 가로등 속으로 사라질 때까지 그녀의 뒤를 지켰다. 나는 멀리 어둠 속에 서서 그녀를 보냈다.

나는 그녀가 나를 보고 두려워할까 감히 불빛 속으로 나아가질 못했다. 혹시나 그녀가 나쁜 사람을 만난다면 나는 모든 것을 내팽개치고 달려들어 그녀를 보호하고, 그녀를 위해 죽더라도 기쁜 마음으로 받아들이리라는 환상을 수도 없이 품었다.

어느 날 정말 어둠 속에서 검은 그림자가 그녀에게 접근하는 것을 보고 내가 달려들려 할 때 그녀가 이미 그 검은 그림자와 끌어안고 있는 것을 발견했다.

그 남학생의 이름은 잊었지만, 그는 키도 크지 않고, 성적도, 가정환경도 보통이지만 항상 자신만만했던 것은 여전히 기억한다. 선생님과 학부모의 입에서 "쟤랑은 멀리해라."라는 말이 나올 법한 전형적인 유형이었다. 그는 이상한 옷차림에 유행하는 파마를 하고 여학생들에게 휘파람을 부는 사람이었다.

나는 그렇게 평범하고, 형편없고, 뻔뻔하게 내 모든 것을 빼앗을 수 있는 그가 싫었다.

2

나는 내 주변 사람들이 모두 알고 있듯이 열등감을 안고 사는 평범한 사람이다. 사람들은 나처럼 열등하고 가련한 사람에게 늘 조금 더 너그럽게 대해 준다.

"당신은 정말 대단해요. 요즘 세상에 당신처럼 침착한 사람은 찾아보기 힘들어요."
"당신은 적어도 나쁜 사람은 아니에요."

나중에서야 이 말들이 동정심과 연민으로 가득 찬 인사치레라는 것을 깨달았다. 이 말들은 '불쌍한 사람이다'라고 말하는 것과 다를 바가 없었다.

그래서 나는 마음을 비우고 '근자감' 있는 친구를 사귀었는데, 우리의 우정은 그리 길지 못했다. 그 역시 내 모든 것을 빼앗았던 그 남학생과 다를 게 없었다. 평범하기 그지없는데 또 그렇게 자신만만했다. 그에게 어디서 이런 자신감이 오는 것인지 물었었다.

"나라고 열등감을 느낀 적이 왜 없겠어? 나는 다 이해해. 하지만 우리처럼 평범한 남자는 선택의 기회가 아예 오지 않아. 만약 네게 자신감조차 없다면 넌 아무것도 남아 있지 않을걸."

3

맹목적인 자신감도 선호되지 않지만, 열등감 역시 문제적 태도로 낙인찍힌다.

이 열등감 때문에 나는 모태 솔로로 지냈다. 왜 혼자냐는 질문에 나는 '평범하고 열등해서'라고 답했다.

자신만만한 남자가 여자에게 고백했던 날을 회상할 때, 아름다운 추억에 젖어 저절로 입꼬리가 치켜 올라간다. 그런데 나는 마음에 둔 여학생에게 좋아한다고 고백하는 장면을 상상만 해도 수치심이 밀려든다.

자신감 있는 남자가 '혹시 그녀도 나를 좋아하는 거 아니야?'라고 생각할 때 나는 도리어 '그녀가 날 역겹다고 생각하진 않을까?'라고 생각할 따름이다.

열등감을 느끼는 사람은 자신의 좋아하는 감정과 자기의 생각, 자신의 모든 것을 수치스럽게 생각한다. 어떤 형태로든 자신이 노출되는 것을 마치 세상에서 사라져야 할 더럽고 추악한 것에 빗대어 생각한다.

'근자감'이 있는 사람은 가진 게 없어도 '내가 최고야'라는 자세로 다른 사람 앞에 선다. 그러나 '소심남'들은 묵묵히 베풀기만 하고, 언젠가 상대방이 자신을 발견하고 자신에게 조금씩 화답하는 상상을 하면서도 상대방 앞에 설 용기조차 없다.

'근자감'들은 사람들에게 욕이라도 먹지만, '소심남'은 욕먹을 기회조차 없다.

4

묵묵히 내어주기만 할 것이면 누군가 자신이 원하는 것을 당신 눈앞에 가져다주리라는 환상을 품지 말아야 한다. 만약 원하는 것을 얻고 싶다면 자신을 상처받을 수 있는 환경에 데려다 놓아야 한다. 당신이 원한다면, 말해야 하고, 다가가야 하고, 이를 위해 싸워야 한다. 인생은 원래 한판 대결을 겨루는 게임과 같고, 이 세계는 참가자들에게만 기회가 제공된다. 당신은 강자 앞에 서서 마치 니체처럼 자신에게 이렇게 말해 주어야 한다.

"나를 죽이지 못하는 것은 결국 나를 더 강하게 만들 것이다."

201

그리고 좋아하는 사람에게 이렇게 말해 주어야 한다.

"당신을 생각하면 저의 이 못난 얼굴에도 미소가 지어집니다."

행복 앞에서 겁을 내는 사람은 영원히 행복을 쟁취할 수 없다. 한 번씩 크게 분노를 표출한다거나 자신을 학대하는 행위 또한 모두 모습을 달리한 일종의 도피일 뿐이다. 당신이 느끼는 수치심은 자신을 속박하는 굴레일 뿐이며, 사심 없이 베푸는 듯한 양보와 이를 통해 얻는 정신적 만족은 단지 감히 욕망을 똑바로 마주하지 못하는 자신에 대한 위안일 뿐이다.

당신이 세상에 참여하는 과정에서 자아를 견고히 확립하고 인정하게 될 때 그 열등감은 사라질 것이다. 진실한 자기 자신으로 세상을 마주하고, 스스로 좋아하는 방식을 통해 원하는 것을 얻을 수 있을 것이다. 이것이야말로 이 세상이 선사하는 즐거움이다.

Part 4

내면의 힘을
되찾아라

삶이 우리가 생각하는 것처럼 순조롭게 흘러가지 않을 때 우리는 자신을 다스리는 법을 배워야 한다. 만약 당신이 자신이 바꿀 수 없는 일로 괴로움을 겪고 있다면, 이 일이 당신의 마음속에서 차지하고 있는 비중을 낮추어야 한다. 만약 채워질 수 없는 욕망 때문에 괴로움에 자신을 갈아 넣고 있다면 인정되지 않거나 충족할 수 없는 자신의 욕구나 충동을 보람 있는 활동으로 전환시켜야 한다.

결국 넌 너의 힘으로
앞으로 나아가야 해

1

삶을 포기하려던 한 친구를 도와 다시 그녀의 삶 앞에 데려온 적이 있다.

그 후 그녀는 계속해서 나의 도움을 청하기 시작했다.

'도우려면 끝까지 도와야지.'

이런 생각으로 나는 인내심을 가지고 그녀가 제기하는 모든 문제에 대한 해답을 찾아주기 위해 끊임없이 방법을 강구하고 그녀를 달래주기 위해 애를 썼다. 그러나 얼마의 시간이 지나고 나는 한 가지 문제점을 발견했다. 내가 중압감을 이겨내지 못할 정도로 그녀의 요구가 너무 많아진 것이다. 매번 내가 그녀의 답을 찾아준 후에는 약간 호전되는 듯 보였지만, 이내 그녀의 기분은 더욱 가라앉을 뿐이었다.

당시 나는 상대방이 내 도움이 필요하다면 내 안의 모든 인내심을 발휘해서 어떻게든 도와야 한다는 단순한 생각을 했다. 그러나 점차 내가 틀렸다는 것을 알게 되었다.

겉보기에는 내가 그녀의 증상이 호전되도록 좋은 마음으로 도와주는 것 같았지만, 사실 그녀가 스스로 성장할 기회를 빼앗은 것이었다. 그녀가 슬럼프에 빠졌을 때 도와주는 것은 문제없지만, 문제가 크건 작건 관계없이 무조건 돕다 보면 상황은 더욱 심각해진다.

사람이 무언가에 지속적으로 의지하다 보면 앞으로 나아갈 수 있는 전진 동력을 잃어버린다. 타인에게 도움을 청하는 습관이 생기면 능동적으로 사고할 수 있는 능력을 잃게 된다.

그래서 나는 그녀 스스로 생각할 수 있도록 그녀의 해답 찾아주기를 그만두기로 했다. 처음에 그녀는 적응하지 못했다. 내가 더 이상 참을 수 없어서 그녀를 돕지 않기로 결심했다고 생각했는지 더욱 고통스러워했다. 나 역시 그녀가 서운해하거나 이를 떨치고 일어서지 못할까 염려스러웠다. 얼마의 시간이 흐르자 그녀는 마침내 스스로 자신의 방식으로 문제에 직면하고 해결하기 시작했다.

2

그때 문득 능력의 한계를 넘어선다면 모든 사람이 스스로 치유할 수 있다는 것을 깨달았다. 조건 없이 돕는다는 것은 마치 자식에게 한없이 베푸는 부모가 자기 자식은 아무것도 할 줄 모른다고 생각하는 것과 같다. 그런 부모들은 아이가 무엇을 하든 매우 염려하고 제지하며 결국 아이를 대신해 준다. 이런 경우 아이가 성장할 수 있는 능력과 기회는 빼앗기고, 아이는 결국 의존적으로 변한다. 그러면 아이는 아무것도 할 줄 모르게 되고, 잘하는 것도 없다는 생각에 자존감마저 낮아진다. 부모는 아이를 적정 시기에 독립시켜서 어려움에 직면하게 해야 한다. 아이가 잘하지 못하더라도 상관없다.

우울증에 빠진 어른에게도 마찬가지다. 당신이 해줄 수 있는 가장 효과적인 도움은 부모처럼 한없이 의지할 수 있도록 해주는 것이 아니라, 그들이 슬럼프에 빠졌을 때 부축하고, 그들이 길을 잃고 막막해할 때 방향을 제시하고, 그들이 힘을 회복하기 시작하면 적당한 시기에 손을 떼는 것이다. 좋은 인도자는 결코 그 사람을 대신해서 결정을 내리지 않는다.

3

나는 많은 사람을 경험하면서 경청을 즐기게 되었다. 주변에 도움을 요청하는 사람이 많아지자 그들에게 도움을 주는 것도 좋아하게 되었다.

어떤 사람이 어려움에 부딪혀 당신에게 도움을 요청한 적이 있다면 아마도 끊임없이 문제를 분석하고 나서 그에게 해결 방안을 직접적으로 제시했을 것이다. 표면상 그는 당신이 제시한 의견대로 하고, 일도 해결되었지만 동시에 그는 당신 의지의 실행자가 되었다.

그가 다시 문제에 직면했을 때는 당신에게 해답만 요구할 것이다. 그런데 이것은 그에게 결코 도움이 되지 않는다.

좋은 인도자는 더 많이 경청하고, 문제 이면에 숨겨진 잠재적 원인을 찾고, 더 많은 질문을 통해 그가 스스로 생각하도록 유도하며, 그가 자신을 더 많이 이해하도록 돕는다.

비록 그가 고통스럽고 무력한 상태에 빠져 허우적거리며 도와 달라고 요청할지라도 당신은 감정적으로 의지할 수 있는 지주목이 되어주고, 거울처럼 그가 당신을 통해 자신을 비추어보며 정리할 기회를 제공하는 것 외에는 더 이상의 도움은 주지 말아야한다. 그가 스스로 해답을 찾아낼수록 이끌어야 하는 것이다.

4

사실 도움을 요청하는 사람들도 마음속에는 저마다 나름의 해답을 갖고 있다. 다만 불안함과 같은 감정적 요소 때문에 객관적인 시선으로 전체를 바라볼 수 없거나 정답 옆에 도움을 받아 치워야 할 약간의 장애물이 있을 뿐이다. 그러니 그들이 내면의 소리를 듣고 자신만의 해답을 찾아가도록 유도해야 한다. 설사 그답이 틀렸다 하더라도 또 객관적으로 보아 그에게 유리한 답이아니더라도 직접적인 답을 제시하여서는 안 된다. 그것이 그들에게는 더욱 의미가 있다. 그래서 좋은 인도자는 단지 하나의 도구만을 제공하여 상대가 이를 통해 더 쉽게 해답을 찾아갈 수 있도록 하며, 상대를 끌고 가지는 않는다.

5

이 세상 어느 누구도 자력 없이 진정한 의미의 성장을 할 수 없다. 모든 사람은 결국 자신의 힘으로 나아갈 수밖에 없는 것이다. 우울감에 휩싸이면 비관적이고 절망적인 정서에 통제된다. 이때는 일시적으로 자신의 문제 해결 능력을 의심하고 과소평가하여 열등감, 자책, 자기혐오와 같은 사고적 오류를 범하게된다.

우리는 스스로 사고하는 능력이 있어야 자신만의 해답을 찾을 수 있다. 다른 사람의 도움으로 답을 찾으려 해선 안 된다. 스스로 좋은 방향으로 변화하고 싶다는 생각이 든다면 능동적으로 문제를 직면해야 한다.

　과거에 당신이 무엇을 경험했던 지금 연약한 자신에게 더 많은 시간을 주어야 한다고 조급해하지 말아야 한다. 또한 더 이상 자신을 해치지 말고 자책하지 말아야 한다고 알려주어야 한다. 누구나 잘 쉬고 나면 마침내 모든 문제를 해결할 힘이 생긴다.

외면과 내면이
마주 보는 효과

1

여한 없이 인생을 살다 가겠다고 말하는 사람이 있다. 하지만 여한이 없는 인생이 과연 가능할까?

누군가는 자신이 좋아하는 방식으로 평생을 살겠다고 말한다. 하지만 사람은 끊임없이 변한다. 오늘 좋아하던 것을 내일은 좋아하지 않을 수도 있다. 또 누군가는 성공하려면 부유하고 자유롭고 행복해야 한다고 하지만, 현실에서 일련의 상처를 경험하고 자신감을 잃은 후에는 늘 어려운 상황에 대처하는 삶을 살겠다고 결정한다.

많은 사람이 완벽한 인생을 살기를 원한다. 하지만 이 세상에 완벽한 인생은 존재하지 않는다.

모든 선택은 결국 일종의 포기이고, 얻을 수 있는 모든 것은 결국 다른 종류의 상실이기 때문이다.

얻거나 잃는 것, 성공하거나 실패하는 것, 선택의 순간 뜻밖의 상황에 직면하는 것, 이 모든 것들이 우리 삶의 일부이다. 그 누구도 당신이 무엇을 하고, 무엇을 선택하고, 또 무엇을 바꾸면 완벽한 일생을 누릴 수 있는지 확실하게 말해 줄 수 없다.

당신이 힘들이지 않고 케이블카를 타고 산 정상에 이른다면, 두 다리로 정상에 올랐을 때의 감동과 기쁨을 느낄 수 없다. 항상 혼자만의 세상에 갇혀 있으면 사회에서 느낄 수 있는 즐거움을 향유할 수 없다. 예민하고 걱정이 많으면, 평범한 생활에서 누리는 즐거움을 느낄 수 없다.

인생은 매번 선택의 순간을 마주하며 경험을 쌓아가는 과정이다. 사는 동안 경험할 수 있는 행운이라 여겨지는 것들은 적성에 맞는 교육을 받는 것, 자기가 인정할 수 있는 행동 습관을 기르는 것, 또 자신이 원하는 것이 무엇인지 정확히 알고 추구하는 것 등이다. 여기서 해야 할 것은 바로 선택일 뿐이다.

2

고통을 겪고 있는 사람이 자신의 삶을 변화시키기 위해 해야 할 일은 무작정 좋아지려고 노력하는 것이 아니다. 또 허둥지둥 헤매다가 남들이 좋다고 하는 말을 듣고 부화뇌동하여 맹목적으로 따라서 믿는 것도 아니다. 이보다는 자신의 내·외면이 서로 조화를 이루게 해야 한다. 그러기 위해선 먼저 깨어 있는 정신으로 '나와 세계와의 관계'를 똑똑히 인식해야 한다.

이 세상을 살면서 우리의 삶에 영향을 미치는 요인은 너무나 많다. 어린 시절의 경험, 교육, 가정 형편, 문화적 소양, 건강 상태 등이 우리를 복잡한 상황으로 몰아넣고 독특한 생활 습관을 기르게 한다.

그러나 우리는 성장 과정에서 완전한 독립의식이 형성되지 않아 자아를 깨닫고 스스로 선택할 수 없기 때문에 외부에서 우리에게 미치는 영향력을 수동적으로 받아들일 수밖에 없다. 이런 것들은 서로 다른 방식으로 알게 모르게 우리에게 영향을 미치고, 심지어 우리 자신의 일부가 되기도 한다. 이렇게 형성된 것들이 우리 성향에 잘 맞지 않으면 우리는 내적 갈등이 생겨 괴로워한다.

다만 우리는 이런 행동 습관을 오래 유지하다 보면 모든 것이 당연하게 받아들여지기 때문에 문제 삼지 않을 뿐이다. 예를 들어 조용한 것을 좋아하는 사람이 사교성에 대한 교육을 받으면, 그는 고통스럽더라도 미소를 지으면서 모든 사람의 기분을 고려하며 처세하게 된다. 이를 통해 심지어 본인조차도 자신이 활발하고 사교에 능한 사람이라 오해한다.

우리는 우리 자신이 어떤 사람인지 착각하며 살고 있다. 이는 정말 무서운 일이다. 마치 우리의 뇌가 다른 종류의 의식에 잠식되는 것과 같다.

3

나는 욕심이 없고 세상에 어떤 바람도, 기대도 하지 않는 사람이라고 굳게 생각했었다. 그래서 몇 년 동안 나는 온종일 〈워킹 데드〉에 나오는 좀비처럼 행동하고 다녔다. 이후에 자신에 대한 면밀한 분석을 진행한 결과, 그것이 과거에 겪었던 어떤 경험과 당시의 건강 상태가 나를 대신해서 내렸던 선택임을 알게 되었다. 내가 좀비처럼 생활하던 그 몇 년 동안 나는 내가 그런 사람이라고 굳게 믿었다.

이렇듯 자신을 쉽게 정의하면 안 된다. 이 세상을 살아가면서 너무 많은 요인이 우리를 좌지우지할 것이다. 우리는 우리가 속한 집단의 영향을 받고, 각종 규범에 얽매인다. 또 알게 모르게 각종 사회적 관습과 관념들을 주입 받아왔다. 그래서 우리는 항상 깨어 있어야 하며, 한 번씩 자신을 돌아보아야 한다.

그러나 불가피하게도 이미 잘못된 행동 습관이나 병적인, 혹은 자신의 본성과 어긋나는 행동 습관을 길러 왔을 가능성이 높다. 이러한 행동 습관은 우리가 자신의 우월함을 발휘할 수 없게 만들어 일을 그르치게 하고, 초조하게 하고 고통스럽게 한다.

만약 당신이 오랜 시간 자주 고통을 느낀다면 그것은 당신이 운이 나쁘다는 것을 의미하는 게 아니라 당신의 행동 습관이 본인의 본성과 모순되고 있다는 것을 의미한다. 당신이 해야 할 일은 자신의 행동 습관 중 본인과 맞지 않는 부분을 수정하는 것이다.

오늘부터 당신은 자신의 모든 선택을 기록해야 한다. 어느 한 가지 일이 발생했을 때 드는 당신의 생각과 행동, 그리고 그 일이 당신에게 주는 경험을 기록해야 한다.

당신이 생각하지 않고 무의식적으로 내린 '강제된 선택'과 자신의 내면과 모순된, 자신을 불편하게 하는 선택들을 찾아낸 다음 자신의 과거를 되짚어 어떤 경험이나 성격의 어떤 부분이 당신의 행동 습관을 이렇게 만들었는지 찾아내야 한다.

나는 한때 내가 하는 모든 행위가 스스로 선택한 결과라고 생각했고, 심지어 자랑스럽기까지 했다. 나중에 나는 상당한 시간을 들여서 자신을 고치고, 영향을 미치는 모든 요소를 낱낱이 깊이 있게 해부했다. 그리고 매번 선택의 순간에 한바탕 나 자신과 논쟁을 벌여 이성적으로 자신의 문제점을 분석하고, 성숙한 사람이 같은 문제에 직면하면 어떻게 처리할 것인지 구상했다. 이러한 일련의 과정들이 새로운 인생을 살 수 있도록 도와주었다.

4

당신이 자신을 분명하게 인식할 수 있을 때, 그리고 자신과 어울리는 행동 습관을 세우고 난 뒤에는 앞으로의 삶의 모습이 크게 개선될 것이다. 그러나 거기까지 가는 길이 쉽지만은 않다. 여기서 언급해야 하는 화두는 '굳은 의지'이다.

굳은 의지는 결국 자신의 힘이다. 당신이 어떤 문제에 직면했을 때 이를 할지 말지는 의지가 먼저 결정한다. 만약 잘못된 행동 습관을 선택했다면 이는 훗날 우리를 매우 고통스럽게 하지만, 오랜 시간 반복한 것이기 때문에 굳은 의지의 도움 없이 선택하게 된다.

우리는 이런 습관들은 '아직 부족한 면이 많기 때문'이라는 핑계를 대고 성공만 하면 모든 문제가 쉽게 풀릴 수 있다고 생각한다. 그러나 사실 '굳은 의지'가 없을 뿐 잘못된 행동 습관 앞에서 끊임없이 타협하고 있다.

당신은 새로운 선택을 하는 것이 자신을 발전시킨다는 것을 알고 있지만, 애써 외면하고 온갖 핑계를 댄다. 지금부터라도 이 모든 것이 착각이라고 자신에게 말해야 한다. 어떤 관계나 어떤 환경의 영향 아래에서 당신은 끊임없이 잘못된 패턴의 행동 방식을 반복할 수 있다. 예를 들어 비록 잘못된 행동 습관을 끊임없이 반복해 당신을 고통스럽게 하지만 당신은 누군가에 의지하거나 습관적으로 타협하기 때문에 삶의 모습을 바꾸지를 못한다.

나는 자존감이 지극히 낮다는 것을 깨달은 후 이를 바꾸기 위한 노력을 했다. 다른 사람의 호의를 아무렇지도 않게 기꺼이 받아들이는 것을 배우며 끊임없이 자신에게 말했다.

"넌 충분히 이런 대접을 받을 가치가 있는 사람이야."

나는 다른 사람에게 도움을 받는 것을 배우고 자신이 원하는 것을 말하는 것을 배워나갔다. 이것은 과거의 나로서는 상상조차 할 수 없는 일이었다.

5

자신의 내·외면이 서로 조화를 이루기 위해서는 반드시 습관에 대한 의존에서 벗어나야 한다. 문제에 직면해 굳은 의지를 다지고 변화를 위한 선택을 해야 하는 것이다. 이렇게 해야 근본적인 문제를 해결할 수 있다.

많은 사람이 더 나아지기 위한 노력을 하지만 쉽게 이루지 못한다. 끈기가 부족하거나 고생을 감내할 용기가 없기 때문이 아니다. 잘못된 행동 양식이 습관화되어 살아가고 있기 때문이다. 그렇기에 그들의 마음속에는 불안과 비관적 감정이 짙은 그늘을 드리우는 것이다. 그들은 엄청난 에너지를 자아를 소모하는 데 낭비하고 있어 더 나아질 동력이 남아 있지 않다.

이 세상을 똑똑히 바라보고, 세계와 자신이 조화롭게 공존하는 사고방식을 확립하여 자신이 원하는 것을 명확히 인식한다면, 나아지는 것은 한순간이다.

상실의 힘

1

예전에 나는 외삼촌을 간병한 적이 있었는데, 병원에서 머무는 동안 많은 환자를 만났다. 이들 중 가장 깊은 인상을 남긴 환자는 외삼촌 옆 침상의 한 젊은이였다.

24세의 남성으로 청초한 외모의 소유자인 그는 백혈병 치료를 위한 화학 요법으로 인해 한 올의 머리카락도 남아 있지 않았다. 그가 나에게 강한 인상을 남긴 이유는 그가 거의 움직이지 않고, 말도 하지 않았으며, 마네킹처럼 내내 일정한 자세로 누워만 있었기 때문이다.

병으로 인해 두 다리 근육이 위축되어 걸을 수 없게 되자 그의 부모는 매일 다리를 주물러줬다. 매일 밥을 먹을 때도 그는 일어나 앉지도 않고, 넋이 나간 두 눈은 천장을 응시한 채 입만 기계적으로 씹고 있었다.

그곳은 절망으로 가득 찬 곳이었다. 엘리베이터나 복도, 혹은 다른 곳에서의 대화 소리를 통해 단 몇 글자만으로도 각각의 집안이 얼마나 어려운 상황에 처했는지 상상할 수 있었다. 하지만 이렇게 절망적인 곳에서 나는 몇몇 사람들에게서 느껴지는 다른 힘을 느낄 수 있었다.

심각한 질병에 걸린 사람이나 이제 막 병에 걸린 젊은 사람들은 고통과 절망 속에서 헤어나지 못할 수 있는데 병치레를 한 지 오래된 환자들은 오히려 매우 밝아 보였다.

예를 들어 우리 외삼촌의 경우다. 외삼촌은 예전에 빌딩에 물을 배달하는 일을 했다. 물 한 통을 짊어다 주면 겨우 몇백 원을 벌 수 있었다. 나중에는 환경미화원으로 일을 했는데 새벽 4시에 일어나 거리를 쓸면 한 달에 겨우 20만 원이 채 되지 않는 돈을 벌었다. 그는 나와 외할머니, 외할아버지와 함께 살았기에 자신의 가족과 함께 우리 모두를 부양했었다. 외삼촌이 병에 걸린 후 가세는 급격히 기울었다. 발병한 첫해 그는 정신적인 고통과 세상에 대한 원망, 가족에 대한 죄책감 및 삶에 대한 무력감 등으로 절망에 빠져 있었다. 그 후 병원 생활이 길어지자 그의 몸에서 가벼운 느낌이 배어 나오기 시작했다. 그는 처음처럼 과묵하지 않고 말이 많아졌다. 병실 옆 침상의 환자와 이야기를 나누거나 간호사에게 농담을 건네고, 자신의 병에 개의치 않고 태연하게 행동했다. 그는 마치 그를 억눌러 오던 모든 부담을 떨쳐버린 것 같았다. 고통, 원망, 죄책감, 스트레스가 중요하지 않아 보였고 오히려 정신적으로는 매우 강해졌다.

2

우리는 죽음의 위협에 직면하면 보통 부정, 분노, 타협, 우울, 수용과 같은 다섯 단계의 심리 현상을 경험한다.

갑작스러운 죽음의 위협에 직면했을 때 우리는 경계를 넘어서는 체험을 하게 된다. 죽음의 위협이 자신을 일상에서 벗어나 '존재' 자체로 관심을 돌리게 한다.

'부정'에서 '수용'으로 이어지는 과정에서 우리는 자신을 옭아매던 족쇄를 하나하나 풀어내고, 벗어나지 못해 맴돌기만 했던 생활의 울타리에서 빠져나오게 된다. 우리는 사회와 가정에서 많은 역할을 맡고 있지만, 현재 우리가 가장 먼저 맞닥뜨린 중요한 일은 우리 자신, 한 사람이다.

사람은 자신의 존재 자체에 관심을 기울일 때 모든 게 중요하지 않은 것처럼 느껴지고 자신이 가진 것에 대해 더 이상 신경 쓰지 않게 된다. 생과 사 이외에는 모두 작은 일처럼 느껴지기 때문이다.

사실 우리는 삶에서 많은 '상실'을 경험한다. '상실'을 마주하며 부정에서 수용으로 이어지는 과정을 거친다. 예를 들어 실패나 상처와 같은 '상실'을 통해 강한 동력을 얻을 수 있다.

니체는 '너를 죽일 수 없는 것은 결국 너를 강하게 할 뿐이다'는 말을 남겼다. 이것은 우리가 얼마나 강하고 용감하게 상실에 맞서 싸워야 하는지를 의미하는 것이 아니라 받아들이는 법을 배울 수 있다는 것을 의미한다.

'수용'이란 고통스러운 존재를 무시하는 것이 아니라 자아를 따라 모든 정신적 압박에서 벗어나 현재 자신의 존재에 집중하는 것이다.

3

인생에서 강한 힘을 부여하는 것은 소유(무엇을 가졌는가)가 아닌 상실(무엇을 잃었는가)이다.

물론 우리는 그 고통스러운 '상실'을 기억하고 싶지도, 마주하고 싶지도 않지만, 피치 못할 상실이라면 이를 진정으로 받아들여야 한다. 그러면 그 후부터 '상실'은 힘의 원천이 된다. '상실'을 정면으로 마주하고 받아들이게 되면 이때부터 '고통스러운 상실'에 대한 역치가 높아지는 것이다.

우리는 다른 사람이 가진 것보다 적게 가지고 있을 수 있지만, 우리가 잃은 것들은 그들보다 훨씬 많을 것이다. 바로 이런 '상실'이 우리에게 더 많은 의미를 부여하고 삶을 더 구체적으로 경험할 수 있는 계기를 부여한다.

우리 모두는 깊은 어둠의 구렁텅이에 빠져 구조를 요청했으나 응답을 받지 못한 경험이 있다. 언젠가 우리가 '상실'을 받아들일 때, '상실'이 우리의 저력이 되어 모든 것을 덤덤하게 받아들일 수 있게 해줄 것이다.

4

내가 병원을 떠날 때쯤 뜻밖에도 나는 옆 침상의 젊은이가 휴대폰을 가지고 노는 것을 보았다. 휴대폰에서 '딩동딩동' 하는 소리가 나는 것을 들었을 때 아마도 어떤 종류의 게임을 하는 것 같았다. 그의 초점 잃은 눈은 화면을 응시하고 있었는데, 휴대폰에서 나오는 빛에 반사된 그의 눈이 너무 아름답게 보였다.

실수는 인생의
많은 가능성 중 하나일 뿐

1

만약 당신의 친구가 쓰레기같이 형편없는 남자를 사랑한다면, 당신은 어떻게 할 것인가?

참을성 있게 그녀에게 상대방은 믿을 수 없는 사람이라고 알려주고, 상처받지도 말고, 바보짓도 하지 말라고 말할 수 있을까? 아니면 이성적으로 여러 방면에서 이해득실을 따져 줄 것인가? 이도 아니면 정신 차리라고 한바탕 욕을 해주며 연락처를 삭제하라고 강요하겠는가?

사실 그녀가 친구에게 의견을 물었을 때, 이미 그녀의 잠재의식 속에는 답이 있었다. 그녀는 자신이 원하는 답을 얻을 때까지 끊임없이 다른 친구를 찾아 물을 것이다. 그녀가 사실 당신에게서 듣고 싶었던 말은 바로 이것이다.

"그 사람이 확실히 문제가 있긴 해. 하지만 한 번 더 기회를 줘
봐. 어쩌면 네가 그 사람을 바꿀 수 있을지도 몰라."

당신이 그녀를 돕고 싶다면 그녀 앞에 구덩이가 있다는 것을
일깨울 것이 아니라, 그녀를 구덩이에서 꺼내주어야 한다. 이렇
게 하면 훗날 또 하나의 구덩이를 만나게 되었을 때 그녀 스스로
아팠던 경험을 떠올리며 스스로 돌아설 것이다.

이 세상에 존재하는 대부분의 이론은 자신이 몸소 경험해서
증명해야 한다. 다른 사람들의 경험이 대신 알려주는 것으로는
결코 깨달을 수 없다. 우리가 실수하지 않도록 이끌 수 있는 것
은 바로 '실수 그 자체'이다.

그래서 우리는 내면의 답을 마주할 때 실수를 두려워하지 말
고 용감하게 자신을 밀어붙여야 한다.

2

내게는 어려운 가정 형편 때문에 물질적인 면에 치중하는 친
구가 한 명 있다. 주위 사람들은 그에게 너무 돈만 밝히지 말라
고 충고했다. 하지만 이런 말들은 그에게 아무런 효과가 없었다.

다른 이들의 충고는 그가 직접 경험해서 얻은 깨달음과 비교했을 때 무력하기 짝이 없다. 오히려 이런 보편적인 진리에 해당하는 '돈을 너무 중시하지 말라'는 말은 끊임없이 그를 방해하고, 그가 실제로 느끼는 것에 대해 의구심을 품게 만들어 내면의 갈등을 유발한다.

여기서 말하고자 하는 것은 우리는 모두 특수성을 가지고 있는 존재들이라는 것이다. 오직 자기 자신만이 솔직한 감정을 있는 그대로 받아들일 수 있고, 이런 느낌이야말로 우리를 가장 진실하게 이끌어준다. 설령 그것이 일시적으로 잘못되었을 수도 있고 보편적인 이치와 부합하지 않을 수도 있다. 그렇다 하더라도 우리는 반드시 그것을 수용하고 똑바로 마주해야 한다.

돈을 중요시하는 것이 반드시 나쁜 것은 아니다. 다른 사람이 뭐라고 말하든 당신은 자신의 감정을 의심하지 말고, 부끄러워하지 말아야 한다. 당신의 생각, 돌이킬 수 없는 당신의 경험이 가져다주는 것이기에 충분히 근거가 있다. 당신은 필요한 것을 구체화해서 목표로 삼고, 이를 달성하기 위해 노력해야 한다. 그것이 더 이상 당신의 안정감의 원천이 되지 않을 때까지 노력한다면 자연스럽게 그 욕망을 뛰어넘어 더 높은 차원의 자아실현을 추구할 수 있다.

대다수의 경우 자신을 가장 방해하는 것은 '실수' 그 자체가 아니라 잘못된 염원을 바꾸려는 '의지'이다. 그 의지는 당신의 문제를 복잡하게 만들고, 당신에게 불안감과 거부감을 안겨줄 것이다. 인생은 원래 정해진 생활 방식도 없고, 단숨에 이룰 수 있는 지름길도 없다. 그러므로 자신의 가장 진실한 감정을 받아들이고, 자신이 기존의 길과 다른 길을 걷는 것을 허용해야 한다. 당신은 지금 하고 싶은 일을 해야 한다. 길이 멀다고 두려워하지 말고, 고독을 두려워하지 말아야 한다.

3

나의 친구 중 하나가 대인 관계에서 어려움을 겪어 1년 넘게 심리 상담을 받은 적이 있다.

상담을 받는 동안 그 친구의 컨디션은 무척 좋아 보였다. 그녀는 매일 의미 있는 일을 찾아서 하고, 쓸데없는 잡생각을 하지 않았다. 또한 인간관계와 사교활동에 대해 초조해하지 않았다. 하지만 심리 상담을 마친 후 그녀는 다시 예전 모습으로 돌아갔다. 그녀는 나에게 왜 한동안 자신의 컨디션이 좋았었고, 왜 다시 원점으로 돌아오게 되었는지 궁금해하며 물었다.

난 그녀와 상담을 진행한 후에 원인을 찾아 정리해 주었다. 간단히 말하자면 그녀의 상담사가 긍정적 피드백을 얻을 수 있도록 도와주는 일련의 상담 기법들을 활용해 잠시나마 상태를 호전시켰다. 그러나 상담사가 사용했던 기법들은 효용 시간이 짧았다. 그래서 그녀가 원래 상태로 돌아왔던 것이다.

그녀의 상담사는 건강한 사람이 어떤 사람인지 알고 있기에, 그녀를 그런 상태로 다가갈 수 있도록 도와준 것에는 확실히 효과를 보였다. 그러나 후에 이 기법은 효과를 상실했는데 그것은 그녀가 이 생활 방식을 진심으로 받아들이지 않았기 때문이다.

우리가 오랫동안 고통 속에 있게 되면 고통을 안전한 자신의 일부로 여긴다. 천천히 그 고통을 분리해서 내려놓는 법을 배워야 우리는 삶에 적극적으로 뛰어들 수 있다.

4

성장하는 과정에서 많은 인생의 멘토들이 우리에게 올바른 삶의 방식을 가르쳐 준다. 그들은 줄곧 성인이라면 반드시 갖춰야 할 모습을 묘사해 주었지만, 이상적인 모습이 되려면 우리가 얼마나 많은 어려움을 겪어야 하는지, 얼마나 많은 실수를 하는지는 알려주지 않았다.

사실 우리가 끝까지 잘해서 마무리할 수 있는 일들은 모두 우리가 자발적으로 나서서 한 일들이다.

성공한 사람이 좋아하지 않는 일을 얼마나 열심히 많이 했는지, 또 얼마나 힘든 시기를 겪었는지, 어떤 일을 계기로 자신이 진정으로 좋아하는 일을 찾아내 마침내 긍정적인 순환에 접어들게 되었는지 우리는 모른다. 그러니 그의 성공과 자율적인 생활 방식을 동경하여 끊임없이 따라 하고 그의 모습에 가까워지기 위해 노력한다고 해도 진정한 변화를 얻기는 힘들다.

요즘은 많은 젊은이가 실패를 너무 두려워한다. 하지만 성공으로 가는 길은 실수에서 시작된다. 사람은 실수를 통해 무엇이 중요하고 무엇이 옳은지 알게 된다.

그래서 나는 당신이 꿋꿋하고 용감하게 앞으로 나가기를 바란다. 실수를 두려워 말고, 내면의 소리에 귀 기울이며, 마음속 깊은 곳의 답을 찾아내고, 이 세상과 가장 잘 어울릴 수 있는 자기만의 방식을 찾기를 바란다.

'낙관'의
반대편에 서지 마라

1

누군가 고통스러운 상황 빠져 있을 때 주위에서 흔히 이런 반응을 보인다.

"조금이라도 낙관적인 관점을 가져보지 그래?"
"조금만 더 진취적으로 해 볼 수 있을까?"

그러나 마음먹은 대로 진취적이고 낙관적으로 세상을 바라보는 게 가능하다면 이 세상 그 누구도 자진해서 고통받지 않을 것이다. 그래서 위의 말들은 종종 반감을 불러일으키기도 한다. 차츰 우리는 이런 무책임하고 비아냥거리는 말들을 회피하고 혐오하기 시작했다. 심지어 소위 말하는 '긍정적 에너지'까지 반감을 드러낸다.

2

비관주의자였던 사람으로서 나는 '낙관적', '긍정적', '진취적' 등의 단어를 들을 때마다 거부감이 들었었다.

그때의 나는 낙관적인 생각은 사람을 가볍게 보이게 할 뿐이라고 생각했다. 시시덕거리며 대충 넘겨버리는 습관은 깊이 사고하는 능력마저 잃게 한다고 여겼다. 또한 고통받는 사람들이 '낙관적 생각'을 통해 낙천적으로 되는 것이 모두 자기 합리화를 통해 현실을 부정하는 『아큐정전』*의 정신과 같다고 생각했다.

그때의 나는 세상이 잔인하다고 굳게 믿었기 때문에 누군가가 세상을 좀 밝게 보라고 권하는 말에 나도 모르게 적개심이 일었다. 그래서 나는 아큐가 세상의 고통을 알지 못하고 가벼우며 공감 능력이 결여된 사람이고 생각했다.

나는 군중 속에서 쉽게 즐거움을 느끼는 사람들을 보면서 일

---

* 『아큐정전』: 1920년 중국의 작가 루쉰이 발표한 작품이다. 중국의 신해혁명이 일어난 농촌을 배경으로 당시 계급의 최하층에 위치한 날품팔이 아큐의 일생을 그린 산문이다. 정신승리를 위해 비참한 현실을 외면하고 자기 합리화를 위해 도피처를 찾는 주인공의 모습을 담았다.

종의 소외감을 느꼈다. 그리고는 자신에게 즐거움을 위해 나 자신을 잃지 말고 정신 차리라고 말했다.

매번 부정적인 에너지를 느낄 때마다 거부감을 느끼지 않고 그 감정들이 나를 잠식하도록 방치했다. 나는 이렇게 하는 것이 진실하고 깨어 있는 삶이라고 고집했다.

나는 '낙관적이여야 한다'고 권하는 것보다 '자신의 고통을 직시하라'고 권하는 것을 더 선호한다. 심지어 다양한 마이너스 에너지 사례를 수집하러 다니고, 다양한 고통을 받아들이고, 또 이를 다시 들춰내 보면서 정리하고 표현했다. 이 과정에서 나는 나 자신이 성장했다고 느꼈다.

3

하지만 긍정의 심리학을 접한 후 나는 생각이 바뀌었다. 나에게 일간의 적극성에 대해 많은 편견이 있었음을 발견하기 시작했다.

'낙관'과 '진취'을 언급할 때 당시 내가 가장 먼저 떠올린 것은 사람과 사람 사이의 몰이해나 비아냥거리는 말, 타인이 겪고 있는 열악한 현실 비하였다.

내가 이런 '긍정적 에너지'를 혐오하는 이유는 사실 긍정적 에너지로 위장한 부정적 에너지 때문이었다. 온·오프라인에서 인기를 끄는 '성공학'은 피상적인 방법으로 사람들을 선동한다. 그리고 순수한 향락주의자, YOLO 주의자들은 사람들이 욕망의 노예가 되도록 부추긴다.

이런 환경에서 고통에 시달리는 사람은 세상과 괴리된 이질감을 느낀다. 그는 자신이 고립무원의 처지에 놓여 있으므로 일종의 숙명적인 비관론자가 되었다고 생각한다. 이로 인해 긍정적 에너지에 대한 적개심이 생겨난다.

이처럼 낙관, 진취, 쾌락 등 긍정적인 감정에 대해 무의식적으로 반대편에 서게 되면 함정에 빠진다. 그는 자신의 모든 긍정적 감정과 느낌을 억누르고, 내면에 투사되는 죽음의 본능thanatos**에 의해 일종의 소극적인 강박적 사고를 형성하는데, 그가 볼 수 있는 것은 단지 '다른 사람과 다른 길로 가는 방법' 뿐이다.

4

나는 한때 쾌락을 적대시했다. 그때의 나는 쾌락은 욕망이 충족된 결과라고 생각했기에, 내가 욕망을 좇다가 끝없는 공허함에 빠질까 봐 두려웠다. 그래서 습관적으로 욕구를 억누르고 가

** **죽음의 본능** : 파괴의 본능이라고도 한다. 생물체가 무생물로 환원하고자 하는 본능으로 일반적으로 모험적이고 위험한 행동으로 나타난다. 인간은 때로 자기 자신이나 타인을 죽이거나 해치려는 무의식적 소망을 갖고 있다는 심리학 이론이다.

능성을 믿지 않으며, 목적성을 없애버리고, 자아의 독립성을 유지했다. 고통을 묘사하는 것이 부정적 에너지의 표출이라고 생각했는데 나중에서야 사람들이 그 고통을 표출함으로써 이해를 받는 것이 오히려 긍정적 에너지로 가득 찬 일이라는 것을 알게 되었다.

대부분의 경우 우리는 모든 것을 소극적으로 대하는 것을 선택한다. 기대가 허사가 되거나 노력을 배신한 실망스러운 결과를 얻게 될까 두렵기 때문이다. 이들 역시 적극적으로 삶에 뛰어들어 진취적으로 살고 싶어 한다.

사실 적극적인 태도는 고통에 대처하는 본능이다. 아무리 부정적으로 생각하더라도 당신이 계속 앞을 향해 나아가기만 하면 긍정적인 생각은 끊임없이 샘솟을 것이다.

나는 스스로 비관적이고, 소극적이라고 생각하는 사람들에게 이런 말을 건네주고 싶다.

"당신들의 세계에는 싫어할 수밖에 없는 것들이 많이 있지만, 그것들과 대립하기 위해 자신의 긍정적인 면을 잊어서는 안 된다. 또 그것들에 대해 지나치게 방어해서도 안 된다."

타인에게 낙관적이길 권유하면 많은 사람들이 부담스러워 한다. 왜 그럴까?

"왜 그렇게 낙관적이질 못하니?"라는 말의 이면에는 '너란 사람은 왜 이렇게 신경 쓸 게 많은 거야? 귀찮아.'라는 의미가 숨어 있고, 이 말은 부정적이기 때문이다.

만약 사람을 그릇에 비유하자면 적극적으로 사람을 변화시키는 것은 그릇 자체이지, 그 안에 담을 내용물을 바꾸는 게 아니다. 그러니 억지로 낙관을 주입할 것이 아니라 그릇의 모양을 변화시켜 낙관이 담길 수 있도록 해야 한다.

진정한 긍정이 가져다주는 것은 현실의 변화와 인생을 바라보는 시각의 변화, 사유의 변화이다. 이를 의식적으로 삶에 적용해 보면 '지금, 이 순간'에 오는 현실적 변화를 느낄 수 있다. 인생의 여정에서 고통을 마주하는 데에만 몰두하면 인생의 아름다운 풍경을 감상할 여유가 없다.

모든 것을 가능하게 하는
전투의 힘으로

1

자신보다 강한 상대와 겨뤄본 경험이 있는가? 몇 년 전 나는
킥복싱을 배울 때 몸이 편치 않아서 코치의 지도를 거절한 일이
있었다. 혈기 왕성한 그는 지시에 순순히 따르지 않는 나의 태도
를 도발로 여기고, 수강생들의 준비운동이 끝나자 나에게 그의
제자와 스파링을 하라고 지시했다.

"코치님, 저 열이 좀 나는 것 같아요."
"입으세요!"

나는 사정을 설명했지만, 그는 나에게 보호구를 던져줄 뿐이

었다.

하는 수 없이 보호구를 착용하고 그의 제자와 스파링을 뛸 수밖에 없었다. 체육관 안의 모든 사람이 링을 둘러싸고 우리의 경기를 지켜보기 시작했다. 실제로 상대의 킥복싱 기술이 매우 정교하고 뛰어난 데다, 나이도 나보다 한참이나 어려 상대가 되질 않았다. 결국 초보였던 나는 나가떨어지고 말았다.

나는 코치가 체면을 중시하는 사람이라는 것을 깨달았다. 제자에 이어 코치가 보호구를 착용하는 것을 보고 그가 손수 '다루기 힘든 사람'을 혼내려 한다는 것을 알았다. 내가 아직 정신을 못 차리고 있는데 그의 주먹이 내 얼굴에 호되게 내리꽂혔다. 이 한 방으로 나는 바닥에 쓰러졌고, 머리가 흔들렸다.

"일어나세요! 계속해요!"

코치가 큰소리로 외쳤다. 그 순간 나는 이것은 연습도 아니고, 가르치는 것도 아닌, 실전 싸움이라는 것을 알았다. 나는 일어나 반격하기 시작했지만, 나의 공격에 그는 한쪽으로 몸을 기울이며 매번 잽싸게 피했다. 내가 공격을 시도할 때마다 그는 그 기회를 틈타 주먹을 연달아 날렸고, 내 얼굴에 명중했다. 내가 어릴 때부터 쌓아온 싸움 경험은 영화나 실생활에서 배운 게 전부라 코치 앞에서는 무용지물이었다. 30분도 채 되지 않아 코와 입에서 피가 흘렀다.

'난 그의 상대가 안 돼.'

차마 내뱉지 못하고 마음속으로만 외친 유일한 생각이었다.

그는 공격을 멈추지 않았고, 나는 또 한 번 그의 주먹에 쓰러졌다. 그는 제자를 통해 피를 닦으라며 나에게 휴지를 건네주었다. 피를 닦고 난 뒤에도 그는 여전히 나를 기다리고 있었다.

"됐어요? 다 되었으면 장갑 끼고 계속하죠."

그는 나를 놓아줄 생각이 없었다. 이를 지켜보던 수강생들이 연민의 눈길로 나를 보고 있었다.

"자, 들어오세요."

나는 장갑을 끼고 자진해서 그의 앞으로 걸어갔다.

2

2라운드가 시작되었다. 공격은 더욱 거세졌다. 나는 머리를 꽉 감싸 안고 끊임없이 뒤로 물러났다. 그가 미들킥^{Middle Kick, Body Kick}으로 매섭게 내 허리와 배를 차느라 나는 거의 공중으로 솟구치다 뒤쪽의 유리 벽에 부딪힐 뻔했다. 머리가 여전히 어지러운 상태였는데 갑자기 눈앞에 신발 밑창이 확대되어 보이는 것 같더니 얼굴 위로 떨어졌다.

나는 바닥에 쓰러졌고 입에서 플라스틱 밑창 냄새가 가득했다. 이 냄새는 얼굴과 몸에 꽂혔던 주먹보다 더 나를 분노케 했다. 나는 방어를 포기하고 일어나 필사적으로 그를 향해 공격하기 시작했다. 그는 너무 민첩해서 아무런 타격이 없었다. 오히려 공격하면 할수록 더 강하게 몰아치는 통에 정신을 차릴 수가 없었다.

나는 이것이 바로 힘의 차이가 현격한 전투라는 것을 잘 알고 있다. 나는 근본적으로 그를 이길 수 없다.

"자, 일어나세요"

나는 일어난 후에 두 손이 끊임없이 떨리고 있는 것을 보았다.

'내가 겁을 먹었나? 맞을까 봐 무서운 거야? 이길 수 없을까 봐 겁나?

나는 속으로 나 자신에게 물었다.

그다음 그가 다시 한번 나를 향해 주먹을 휘둘렀을 때 나는 필사적으로 눈을 떴다. 이번에는 그가 스텝을 밟고, 몸을 옆으로 숙이고, 허리를 비틀고, 주먹을 날리는 것을 똑똑히 볼 수 있었다. 얼굴에 통증이 퍼져 나가도 나의 시선은 그에게 고정되어 있었다. 순간 갑자기 나를 휘감는 일종의 흥분을 느꼈다.

'이렇게 강한 상대를 만나다니, 짜릿한데!

나는 쓰러지고, 일어나고, 반격하고, 다시 쓰러지고, 또다시 일어서고, 다시 반격하고를 반복하며 내 체력이 바닥나고, 온몸에서 통증이 전율하는 걸 똑똑히 느꼈다. 그 흥분감은 내 피를 끓게 하고, 지지 않을 용기를 줬다.

"괜찮으세요?"
"할 수 있어요."

나는 망설임 없이 돌아섰다.

나는 그 역시 숨을 헐떡이고 있는 것을 보고 그에게 달려들었다. 그의 주먹과 발은 여전히 매우 힘이 넘쳤지만, 나를 때리면서 끊임없이 뒤로 물러나고 있었다. 나는 주먹을 움켜쥐고, 있는 힘을 다해 그를 향해 날렸다. 그 주먹은 그의 얼굴에 정확히 꽂혔고 그의 주먹도 동시에 내 얼굴에 명중했다.

내가 땅에 쓰러졌을 때 나는 그가 내 옆에 쓰러져 있는 것을 보았다. 그 순간 나는 내가 승리자라고 생각했다.

스파링이 끝난 후 절뚝거리는 나를 친구가 부축해 주며 말했다.

"넌 기세에서는 하나도 밀리지 않았어."

3

인생이 끝없이 이어지는 싸움이라면 자기 능력을 고려하지 않고 달려드는 부자양력不自量力의 반격이야말로 우리가 할 수 있는 최선의 선택이라 생각한다.

정말 무서운 것은 당신보다 강한 사람과 매서운 주먹이 아니라 정신적 공격이다. 그것들은 은연중에 당신의 정신력을 약화시키며, 무기력하게 변화시킨다.

예를 들어 누군가 당신에게 이런 말을 했다.

"넌 정말 형편없구나. 어디에 가도 너 같은 애는 없다. 비교가
돼야 말이지. 넌 쓸모없는 놈이야."
"네가 이상으로 추구하는 것들은 아무 의미나 가치가 없어.
넌 좀 남들과 어울려서 남들을 보고 배워야 해."
"너처럼 이기적이면 안 된다. 다른 사람을 위해 책임지고, 다
른 사람을 위해 살 줄도 알아야지. 남들도 다 이러고 살아."

이런 상처 주는 말들은 끊임없이 당신의 정신력을 점점 더 약
하게 만들 것이다.

어릴 때부터 매일 인생에 대해 고민했던 '별종'으로서 나는 한
때 인생이 무의미하다고 생각했다. 학업, 일, 가정 등 모든 것에
가치를 두지 못했다. 내가 성장하는 과정에서 부모님, 선생님,
친구들은 대부분 내 마음의 적이 되었다. 그들은 항상 나를 부정
하고 반대하며 비하했기 때문이다. 당시 나는 점점 괴팍해지고
냉담하게 변해갔다.

사회에서 현실 세계를 접한 후 나의 교만하고 나약한 자존심
은 이미 부정적인 피드백으로 너덜너덜해진 지 오래되었다. 나
는 나 자신을 철저히 부정하고 내가 살아온 인생의 경험을 부정

하는 절대적 패배자가 되었다.

물리적 공격은 사람에게 통증을 느끼게 하지만, 복수하고픈 욕구를 일으킨다. 하지만 정신적 공격은 심리적 에너지를 소모시켜 반격 능력을 상실시킨다.

사람은 이제 더 이상 견딜 수 없다고 느끼면 자신을 적으로 착각하여 끊임없이 내면을 공격한다. 이렇게 되면 자신이 비참한 이유를 자신이 일을 그르쳤거나, 자신이 쓸모없는 사람이기 때문이라고 자책하게 된다. 바로 자신을 적으로 여기는 생각이 자신을 가두게 되는 것이다.

4

대학 재학 중이던 어느 날 밤, 갑자기 날씨가 험악해지며 천지를 뒤흔드는 천둥소리가 들리더니 곧 장대비가 내린 것을 기억한다. 나는 그때 비를 맞는 것을 매우 좋아해서 비를 피하려는 인파를 거슬러 밖으로 나왔다. 학교를 나와 혼자서 멀지 않은 해변으로 걸어갔다.

해변에 도착했을 때 아무도 보이지 않았다. 빗소리, 천둥소리와 함께 쌩쌩 몰아치는 바닷바람에 바닷물이 내 발끝까지 닿았다. 심장이 두근거리기 시작했는데 한편으로는 두렵고 한편으로는 흥분되는 것을 느꼈다. 광풍, 파도, 폭우, 천둥, 번개가 어우

러진 밤바다에서 폭력의 미학을 느낄 수 있었다.

온 하늘이 다 닫혀버린 어두운 밤 같았고, 연이어 치는 번개는 마치 나를 위한 불꽃놀이 같았다. 그래서 나는 참지 못하고 해변을 따라 달리기 시작했다.

"들어와. 더 세게 내려라. 더 세게 몰아쳐!"

그 순간 나는 내 맞은편에 강력한 상대가 서 있다고 상상했다. 그는 나를 향해 으르렁거리며 위협했고, 굴복시키려 했다. 나는 피가 끓어오르는 것을 느꼈다. 나는 지쳐 몸이 천근만근 무거워질 때까지 쉬지 않고 달렸다. 빗물 때문에 눈을 뜰 수가 없었다.

"그만 돌아가! 병이 나고 말 거야!"
"네 체력은 이미 바닥났어. 지쳤다고!"
"빨리 가! 파도가 저렇게 거세게 몰아치는데 잘못될 수도 있어!"

이 소리들이 끊임없이 내 머릿속에서 떠나질 않아 나는 거의 포기하려 했다. 그러나 바로 다음 순간 이 소리들은 과거에 받았던 정신적 공격이 내 안에 남아서 영향을 주려는 것임을 깨달았다.

내가 무언가를 시도하려 할 때마다 누군가가 나를 말리는 것 같았다.

"하지 마. 네가 하려는 것은 다 쓸데없는 짓이야. 시간 낭비하지 마."

내가 조금만 더 버티려고 할 때마다 다시 나를 포기하도록 유혹한다.

"넌 안 된다니까. 하지 마. 아무리 노력해도 잘 안 될 거야."

누군가를 좋아하게 될 때면 포기를 권유한다.

"넌 너무 형편없어. 아무도 너를 좋아하지 않을 거야. 미움이나 사지 마."

그래서 나는 매번 포기하고, 실패하고, 또 물러섰다. 이런 포기, 실패, 후퇴는 '난 안돼'라는 자기 부정을 강화한다.

그날 비 오는 밤의 해변에서 나는 갑자기 그 부정적인 소리의 근원을 알게 되었다. 나는 큰소리로 외쳤다.

"난 할 수 있어!"

5

프로이트의 이론에 따르면 우리에게는 '생의 본능'이 있는 동
시에 '죽음의 본능'이 있다. 어떤 사람들은 강한 죽음의 본능을
발산하고, 또 어떤 사람들은 이와 반대로 더 많은 것을 '생의 본
능'으로 드러내며 살고자 하는 욕망을 표현한다.

죽음의 본능은 공격과 파괴의 힘을 대표하며, 이 힘은 안쪽으
로 향하는 것과 밖으로 향하는 것, 이 두 가지 유형으로 나뉜다.
밖으로는 다른 사람을 정복하고, 다치게 한다. 예를 들어 외부로
는 인터넷 기사에 악성 댓글을 달거나, 폭력을 행사하고 내부로
는 자기 공격, 자기 부정, 심지어 자신의 존재를 수치스럽게 여
기고 자기 파멸을 시도한다.

죽음의 본능이 강한 사람은 현실에 직면할 힘이 없을 때 비관
적이고 무감각한 모습을 보이며, 인간의 삶에 대한 허무감, 피
곤함, 나태 등 인간의 추악할 면을 드러내는 선택을 한다. 그러
나 모든 물질을 소유하고 싶고, 잘 살고 싶고, 환희, 안정감 등의
욕구가 큰 생의 본능이 강한 사람은 인간의 삶에 대해 긍정적이

고 적극적인 태도를 보인다. 이런 사람은 거스를 수 없는 운명에 의해 처참히 깨질 수도 있지만, 그렇다고 해서 절대 무너지진 않는다.

우리는 미지의 운명에 직면했을 때 삶에 대한 우리의 태도가 우리 삶의 모습을 결정한다는 것을 잊지 말아야 한다.

사람은 살면서 반드시 고통을 겪지만, 생의 본능이 충만한 사람은 분명 어떻게 해서든 그중에 밝은 면을 보기 위해 노력할 것이다. 그들은 시종일관 어떠한 난관이라도 헤쳐나가겠다는 삶에 대한 적극적인 태도를 견지하고 있기 때문이다.

6

"바라는 모든 것들이 이루어진다면 행복할 수 있을까?"

"돈이 충분히 많다면 행복해질까?"

"사업이 번창한다면 행복할까?"

"건강하고 안정된 생활을 영위할 수 있다면 과연 행복할까?"

나는 늘 나 자신에게 이런 질문을 하곤 했다. 그때마다 이 질문들에 대한 나의 대답은 '아니다'였다.

그렇다면 도대체 무엇이 나를 변화시킬 수 있었던 것일까?

현실 세계에서 겪은 수없이 많은 경험이 나를 단련시켰고, 이를 통해 나는 '전투 정신'이 생기게 되었다. 이 전투 정신이 바로 나를 변화시켰고 삶에 대한 의미를 깨닫게 했다. 강한 상대의 압도적인 공격과 패배로 인한 좌절감에 직면했을 때 이 전투 정신은 나를 더 용감하고 강하게 만들었다.

나는 예민하고 나약한 비관주의자에서 강하고 낙관적인 '전사'로 점차 변해가고 있다.

삶이 우리가 생각하는 것처럼 순조롭게 흘러가지 않을 때 우리는 자신을 다스리는 법을 배워야 한다. 만약 당신이 자신의 힘으로 바꿀 수 없는 일로 괴로움을 겪고 있다면, 이 일이 당신의 마음속에서 차지하고 있는 비중을 낮추어야 한다. 만약 채워질 수 없는 욕망 때문에 괴로움에 자신을 갈아 넣고 있다면 충족할 수 없는 욕구나 충동을 보람 있는 활동으로 전환시켜야 한다.

당신 주변에 당신과 같은 길을 걷고 있는 사람이 점점 많아지면 그들에게서 지속해서 앞으로 나아가는 힘을 얻어 자신이 더 단단해지고 자신감 넘치는 모습으로 변하는 것을 깨닫게 된다.

이 모든 것들이 점차 당신에게 일종의 사명감을 느끼게 할 것이다.

당신이 주어진 일을 하고 어떤 역할을 하는 것은 바로 이 세상이 당신을 필요로 하기 때문이다. 비관적이고 고통에 빠진 사람들을 긍정적으로 만드는 일, 가치관이 무너져 갈 길을 잃은 사람들의 내면의 질서를 다시 확립시켜 주는 일, 열등한 사람들에게 스스로 세상을 바꿀 수 있다고 믿게 만드는 일, 이 모든 것을 가능하게 하는 것이 바로 '전투'의 힘이다.

가끔 멈춰 온전히 나를 사랑하는 시간
때로는 나도 숨어버리고 싶다

펴낸날 2024년 3월 25일 1판 1쇄

지은이 청비쉬엔
옮긴이 김가경
펴낸이 김영선
편집주간 이교숙
책임교정 정아영
교정·교열 나지원, 이라야, 남은영
경영지원 최은정
디자인 정윤경
마케팅 신용천

발행처 ㈜다빈치하우스-미디어숲
출판브랜드 이든서재
주소 경기도 고양시 덕양구 청초로 66 덕은리버워크지산 B동 2007호~2009호
전화 (02) 323-7234
팩스 (02) 323-0253
홈페이지 www.mfbook.co.kr
출판등록번호 제 2-2767호

값 17,800원
ISBN 979-11-986326-0-9 (03180)

㈜다빈치하우스와 함께 새로운 문화를 선도할 참신한 원고를 기다립니다.
이메일 dhhard@naver.com (원고 및 기획서 투고)